運動がニガテな親でも簡単に教えられる

運動会までにどんどん子どもの足が速くなる！

監修 川本和久（福島大学陸上競技部監督）

河出書房新社

運動のニガテだった子がぐんぐん「速くなる」

本書は、運動のニガテな子でも速く走れる方法を紹介した「かけっこ」の本です。

運動の基本はカラダを動かすことであり「走ること」です。運動神経のよい子は自分のカラダを上手に動かす方法を感覚的に身につけているので、かけっこも得意です。一方、運動にニガテ意識を感じている子は、かけっこもニガテな場合が多いようです。

もし、自分のお子さんが運動にニガテ意識を感じているようなら、まずはシンプルに「かけっこから練習してみよう！」とさそってみてください。

運動の基本である「走ること」が得意になれば、他の運動やスポーツにも興味を持ち、チャレンジしてみたいという意欲に変わっていくでしょう。

意欲は目標となり、目標は将来の夢になる……。

「速く走れるようになる」。それだけで子どもの人生は大きく変わる可能性を秘めています。

NIKE
AIR

運動会の「勇者」になれる走り方

「運動会」は、子どもの活躍を大人たちが間近で見られる大切なイベント。日ごろ家庭で目にする姿とは異なる成長を感じ取ることのできる貴重な日です。子どもたちも、自分のがんばる姿を見てもらいたい、応援してもらいたいと願っていることでしょう。だからこそ「速く走れるようになりたい！」と思うのです。

「走り方」を知ることで、子どもたちには「努力する勇気」も身につけて欲しい。本書にはそのような気持ちも込められています。一生懸命努力した経験は、必ずその子の将来の支えになります。勇気を持って困難に立ち向かえる「心の武器」になります。

大切なのは運動会の「勇者」になること。さらに1位になれたら、言うことナシです。

「親子一緒」の練習で走ることが好きになる心が育つ

練習はひとりでやるより、親子一緒に楽しみながらしたほうがいい。笑いながら、遊びながら。そんな風に楽しく努力できる方法を教えられた子どもは、将来きっと努力を怠らない素晴らしい大人に成長します。そして、努力が結果に結びつけば、それが成功体験となって自信を深め、どんどん新しいことに挑戦していけるようにもなるでしょう。

本書がその助けになれば幸いです。

CONTENTS

目次

はじめに

本書の使い方……12

運動会のスターになれる走り方

足の速さと歩幅の関係……14

「ポン」と「ピュン」を意識する……16

最後までスピードを維持して走る……18

「ポン・ピュン走法」で理想のフォームをマスターしよう……20

コラム1 「ポン・ピュン走法」誕生秘話①……22

STEP 1

「基本の姿勢」をマスターする

ステップアップのポイント

カラダをまっすぐにして走る……24

Let's try 01 白樺のポーズ……26

Let's try 02 ポンポン・ジョギング……28

コラム2 「ポン・ピュン走法」誕生秘話②……30

STEP 2

「スタート」をマスターする

ステップアップのポイント

スタートダッシュで差をつける……32

Let's try 01 「よーい」の構え（スタンディングスタート）……34

Let's try 02 「ドン!」からのダッシュ……36

Let's try 03 スタートダッシュからのグイグイ走り……38
Let's try 04 「よーい」の構え（クラウチングスタート）……40
Let's try 05 「ドン！」からのダッシュ……42
Let's try 06 「6歩ダッシュ」で走りをチェック……44
コラム3 子どもと一緒に練習する前に準備したいこと……46

STEP 3

「反発力」をマスターする

ステップアップのポイント
速さの基本になる「反発力」をカラダに伝える……48
Let's try 01 空き缶つぶし①……50
Let's try 02 空き缶つぶし②（追い越し動作）……52
Let's try 03 空き缶つぶし③（空中交差）……54
Let's try 04 腕振りテクニック①……56
Let's try 05 腕振りテクニック②……58
Let's try 06 リバウンドジャンプ①……60
Let's try 07 リバウンドジャンプ②（親子で一緒に）……62
Let's try 08 リバウンドジャンプ③……64
Let's try 09 カルガモ走り……66
Let's try 10 ポン・ポン走法①……68
Let's try 11 ポン・ポン走法②……70
コラム4 「川本キッズ塾」「川本ジュニア塾」での試み……72

CONTENTS

目次

STEP 4
「中間地点からの走り」をマスターする

ステップアップのポイント
「ピュン」の動きでスピードを維持する……74
Let's try 01 フラミンゴ立ち……76
Let's try 02 フラミンゴ歩き①……78
Let's try 03 フラミンゴ歩き②……80
Let's try 04 ひざぺっちん……82
コラム5 雨の日、寒い日、暑い日の練習で注意すべきこと……84

STEP 5
「運動オンチ」克服！コーディネーショントレーニング

ステップアップのポイント
「運動神経」を楽しみながら伸ばす……86
Training 01 ポーンポーン振り子……88
Training 02 ぐるぐる大車輪……90
Training 03 ばたばたクロール……92
Training 04 パンチング……94
Training 05 3点タッチ……96
Training 06 足じゃんけん……98

Training 07 チョッキンはさみ……100
Training 08 アームアクション……102
Training 09 にんじゃジャンプ……104
Training 10 アルプスステップ……106
コラム6 子どもにケガをさせないためには……108

STEP 6 子どもの「心を育てる」Q&A

Q1 どうしてスポーツが子どもの心を育てるの？……110
Q2 練習したがらない子どもを練習させるには？……112
Q3 「できない」といじけてしまったときは？……114
Q4 大会が終わった後でどんなアドバイスをしたらいい？……116
Q5 子どもに教える上で注意したいことは？……118
コラム7 可能性を信じる気持ちを忘れない……120

特別収録 運動会までの「3週間プログラム」

3週間プログラムでテクニックを身につける……122
1週間ごとの練習メニューをつくる……124
大会までの記録ノートをつくる……126

ステップアップのポイント

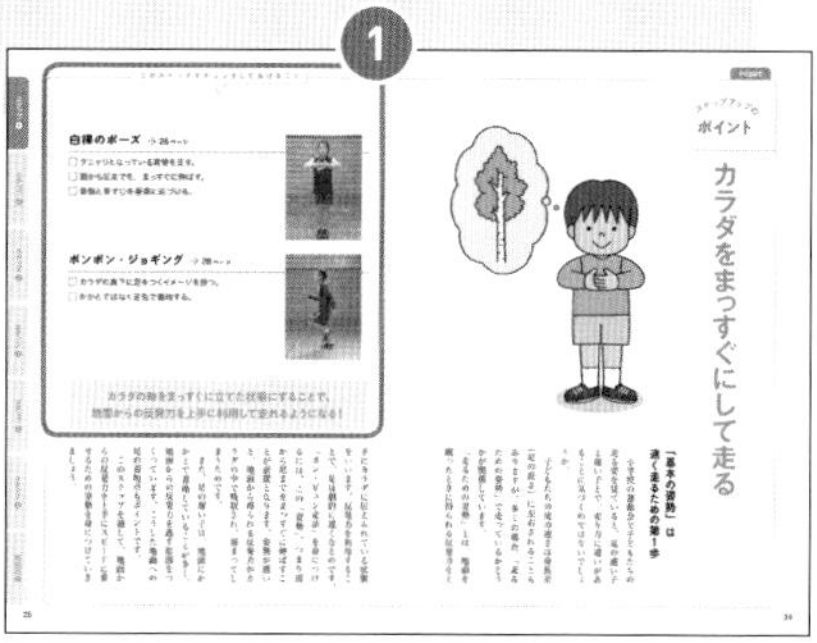

該当ステップの内容を紹介しています。

❶ **チェックしてあげること**
練習内容の押さえておきたいポイントと身につくテクニックを記載しています。

Let's try

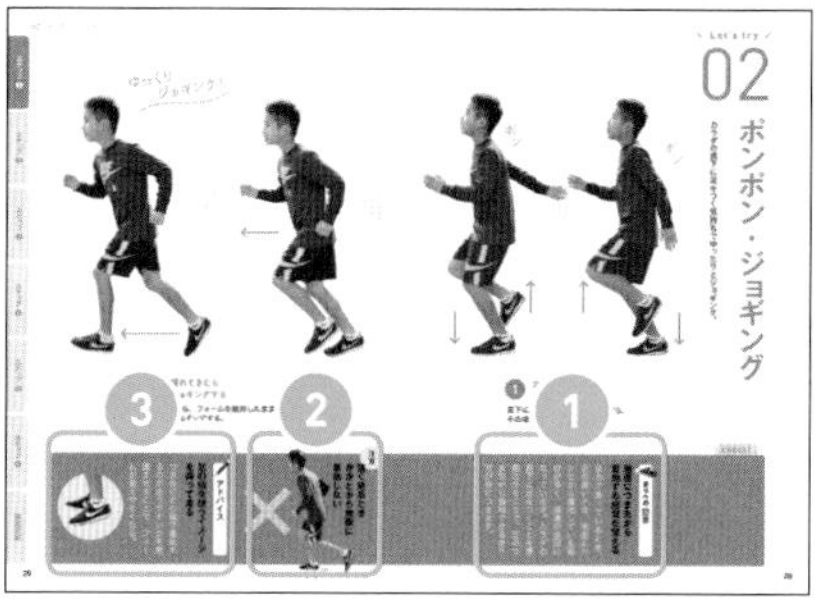

覚えてほしいテクニックの手順を写真つきで記載しています。

❶ **走りへの効果**
各練習方法にどのような効果があるのかを解説しています。

❷ **注意**
動作の NG ポイントを抜き出しています。

❸ **アドバイス**
効率的に練習するためのワンポイントアドバイス。

コーディネーショントレーニング

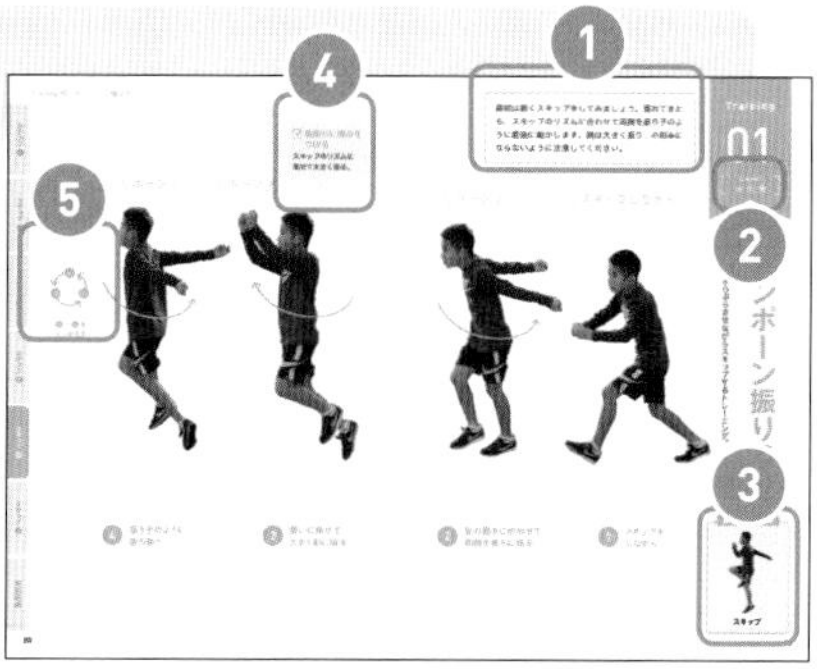

運動神経を伸ばすためのトレーニング方法を紹介しています。

❶ **内容**
トレーニングの内容を紹介しています。

❷ **Level**
難易度の低いものから挑戦できるように 3 段階に分類しています。

❸ **基本の足の動き**
トレーニングのベースとなる足の動きを紹介。

❹ **チェックポイント**
トレーニングのポイント部分を解説しています。

❺ **くりかえす**
最初の手順と同じ動きをくりかえします。

はじめに

運動会のスターになれる走り方

運動会で速く走って大活躍したい！　そんな願いを叶えるために、まずは覚えておきたい「ポン・ピュン走法」を紹介します。

ポン・ピュン走法の

ポイント

足の速さと歩幅の関係

子どもの走る速さはストライドで決まる！

かけっこが速くなる練習の前に、知っておきたいのが〝速さの計算式〟です。「スポーツの話なのに数学の話から始まるの？」と思わずに聞いてください。

まず、走りの速さは「ストライド×ピッチ」の式で求めることができます。ストライドというのは1歩分の歩幅で、ピッチは1秒間の歩数をさします。たとえば、1歩分の歩幅が80センチで、1秒間に3歩進める子どもがいたとする

覚えておきたいこと

速く走るための公式

スピード=ストライド（歩幅）×ピッチ（足の回転数）

ピッチ（足の回転数）

- ☐ 1秒間で進める歩数のこと。
- ☐ 大人も子どもも1秒間で4～5回が限界。

ストライド（歩幅）

- ☐ 1歩で進める距離のこと。
- ☐ 練習次第でいくらでも伸ばすことができる。

子どもの足を速くするポイントは「ストライド」にあり！

と、この子のスピードは0.8（m）×3（歩数／秒）で2.4m／秒となります。

　この公式により、足を速くしたければ「ピッチ」と「ストライド」をきたえることが大切だとわかると思います。ところが「ピッチ」は、1秒間に4〜5歩くらいにしかならず、実は大人も子どもも大きくは変えられません。一方、ストライドはトレーニング次第で誰でも伸ばせる可能性を秘めています。とくに子どもは成長して身長が伸びると、歩幅も広くなっていくので、ストライドも伸ばしやすいと言えるのです。

　つまり「ピッチよりもストライドを伸ばす」。これが、子どもの足を速くするポイントなのです。

ポン・ピュン走法の
ポイント

「ポン」と「ピュン」を意識する

跳ね返りのちからで羽が生えたように速く走る

前ページで、かけっこが速くなる練習をするなら、1秒間の歩数（ピッチ）を上げるよりも、1歩で進める距離（ストライド）を伸ばすほうが効果的だとお話ししました。その考え方により生まれたのが、本書で紹介する「ポン・ピュン走法」です。

「ポン・ピュン走法」の「ポン」とは、足で地面を押して弾む動きのこと、そして「ピュン」は、そのちからを使って前に飛び出して

「ポン」の動きとは

□ 地面に大きなちからを加え、その反作用で弾むこと。

「ピュン」の動きとは

□「ポン」で得られたちからを使って、前に跳ぶこと。

ふたつの動きで「ストライド」が広がり、速くなる！

いく動きを指しています。

学生のころに「作用・反作用」という言葉を習ったことがあると思います。これは「加わったちからの分だけ逆方向に跳ね返る」という力学の法則です。「ポン・ピュン走法」は、この力学の法則により、走ったときに生まれる地面からの反作用（反発力）をバネに、ストライドを大きく伸ばす走り方です。

ストライドが伸びるということは、その分、両足が地面から離れ、空中にいる時間が長くなるということ。「ポン・ピュン走法」を身につけることで、ポンポンと弾みながら前に進んでいく「羽が生えたような走り」が実現できるので、劇的に足が速くなるのです。

ポン・ピュン走法の
ポイント

最後までスピードを維持して走る

トップスピードをできるだけ長く維持するテクニック

「よーい、ドン」で走り始めると、最初のうちはぐんぐん進んでいけますが、途中からだんだんとスピードが落ちてきます。これは、「ドン」の合図で飛び出したときに生まれた加速力がなくなっていくためで、子どもはもちろん、トップアスリートでも普通に走っている限りは、ほとんど避けることができません。

そのため、もしスタートからゴールまで、スピードを落とさず

覚えておきたいこと

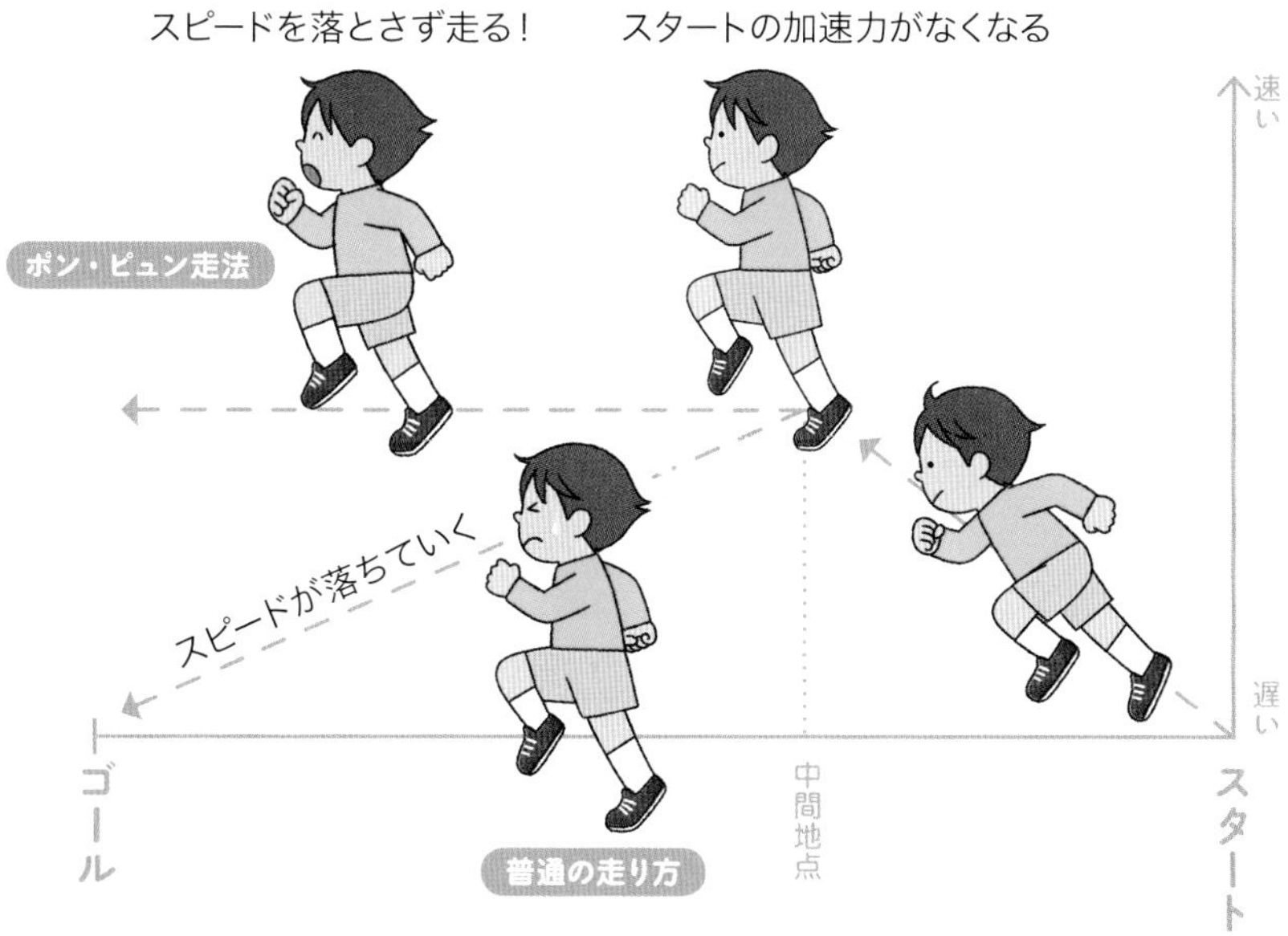

スタートダッシュの加速力がなくなる中間地点からは、スピードが落ちていく。
もしスピードを落とさず走ることができれば相手よりも速く走ることができる。

中間地点からもスピードを持続しながら駆け抜けられる！

に走りきることができれば、競争相手よりもずっと速く走ることができるようになります。

この、本来なら途中で落ちてしまうスピードを、できるだけ落とさず走れるようにすることができるのも「ポン・ピュン走法」の特徴と言えるでしょう。

「よーい、ドン」のスタートダッシュで得られた加速力を維持しながらゴールまで駆け抜ける、そのためのテクニックとして、地面からの反発力を上手に利用するための「姿勢」、「腕振り」、「足の動き」といった、カラダ全体のフォームが大切になります。

本書では、それらフォームのポイントや練習方法についても紹介していきます。

のフォームをマスターしよう

「反発力」をマスターする

→ 47 ページから

「基本の姿勢」をマスターする

→ 23 ページから

1 上体を倒して前傾姿勢

2 地面を強く押して飛び出す

3 カラダの軸を立てて足の指でグイグイ走る

→ 31 ページから

「スタート」をマスターする

今の自分よりぐんぐん速くなる！

「ポン・ピュン走法」で理想

「中間地点からの走り」をマスターする

→ 73ページから

5 後ろ足を前に
ピュンと押し出す

4 地面にポンと
「反発力」を加えて…

前傾姿勢で構え、「ドン」の合図で、一気にダッシュ。その勢いのまま「グイグイ」と加速。スピードの落ちる中盤からは姿勢を変えて、地面からの反発力で跳ね上がる「ポン」の動きと、足を鋭く前に押し出す「ピュン」の動き。両方を使いながら、ゴールまで駆け抜ける。これが「ポン・ピュン走法」の理想のフォームです。

「ポン・ピュン走法」誕生秘話①

川本和久コラム１

カール・ルイスの練習法から理想のフォームを見つける

私が「ポン・ピュン走法」を発見したきっかけは1991年にさかのぼります。東京で開催された世界陸上競技選手権大会の男子100m決勝で、カール・ルイスが9秒86の世界新記録を樹立した年です。私は文部省（当時）の在外研究員としてカナダに留学していたのですが、ルイスの新記録に驚き、彼を指導したコーチであるトム・テレツ氏にスプリントの極意を学びたいと思い、単身アメリカに渡りました。

そもそも、在外研究員としてカナダを選んだのは、当時世界的スプリンターを数多く輩出し、名コーチと呼ばれたゲラルド・マック氏から、指導法を学びたいと思っていたからです。

日本では彼が実施するトレーニング法と言われた「マック式もも上げ」が全盛の時代で、私も含めて多くの陸上競技関係者が「マック式もも上げ」の練習を選手たちにさせていました。私はマック氏から指導法のヒントを聞こうと思っていたのです。ところが彼は私がやった「マック式もも上げ」を見て「そんな動きは教えていない」とはっきり言い、私はショックを受けました。その時、ちょうどルイスの新記録を見て、渡米を決めたわけです。

アメリカでは、テレツ氏とルイスに2ヵ月間、密着しました。ある日、ルイスがヒューストン大学のスタジアムで練習している姿を見ました。彼は、スタジアムの階段で、上り下りの練習をしていたんです。「なぜこんな練習をしているのだろう」と思っていたとき、不意に彼が自分のカラダを「1本の棒のようにして移動させている」ことに気づきました。そして、このルイスの姿が、私が理想とするフォームの原点になっていったんです。

STEP
1

「基本の姿勢」をマスターする

背すじや腰が曲がっていると、速く走ることはできません。まずは、すべての動きの基本となる正しい姿勢を身につけましょう。

POINT

ステップアップの
ポイント

カラダをまっすぐにして走る

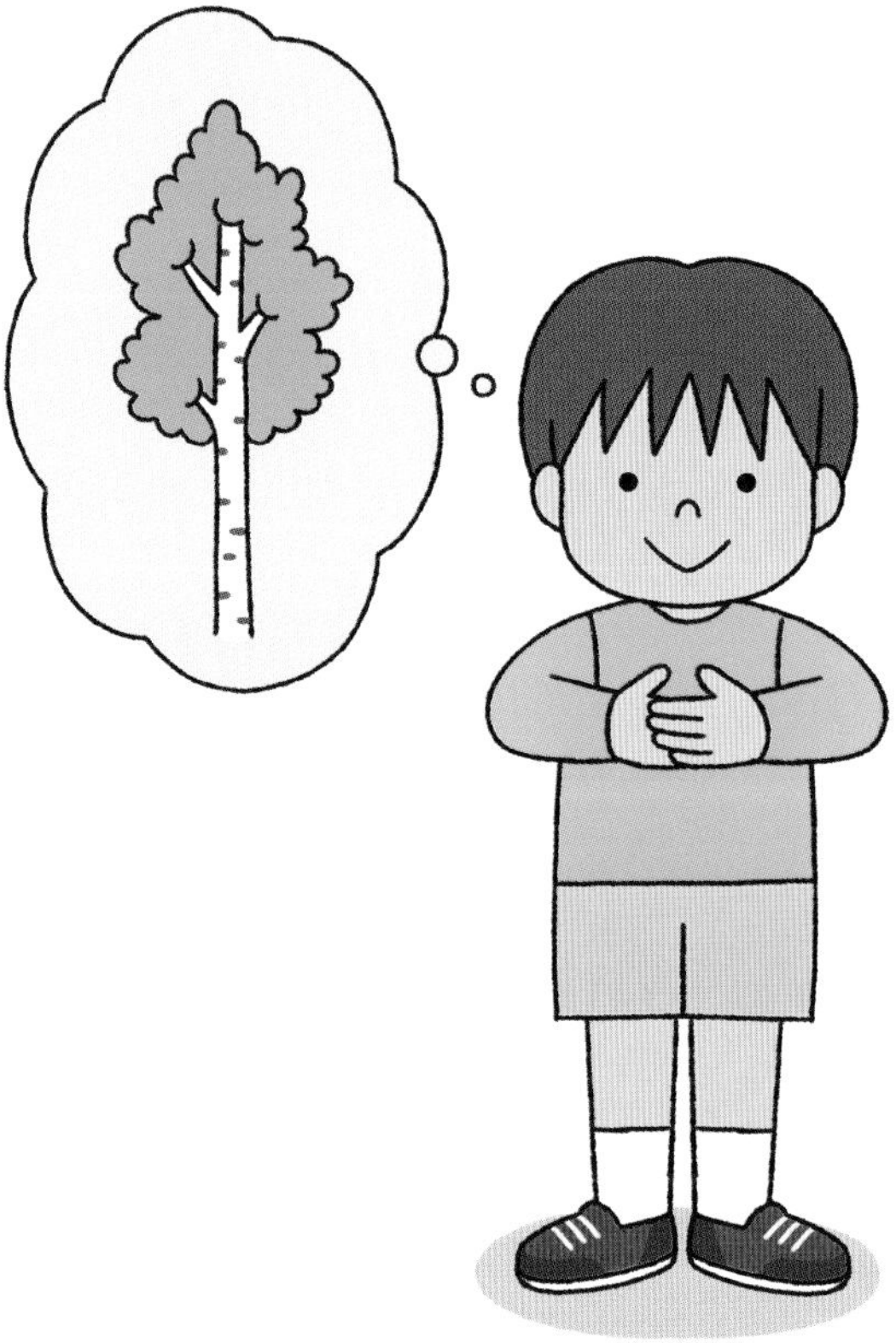

「基本の姿勢」は速く走るための第1歩

小学校の運動会で子どもたちの走る姿を見ていると、足の速い子と遅い子とで、走り方に違いがあることに気づくのではないでしょうか。

子どもたちの足の速さは身長差（足の長さ）に左右されることもありますが、多くの場合、「走るための姿勢」で走っているかどうかが関係しています。

「走るための姿勢」とは、地面を蹴ったときに得られる反発力を上

このステップでチェックしてあげること

白樺のポーズ → 26ページ

- □ グニャリとなっている背骨を正す。
- □ 頭から足までを、まっすぐに伸ばす。
- □ 骨盤と背すじを垂直に近づける。

ポンポン・ジョギング → 28ページ

- □ カラダの真下に足をつくイメージを持つ。
- □ かかとではなく足先で着地する。

カラダの軸をまっすぐに立てた状態にすることで、
地面からの反発力を上手に利用して走れるようになる！

手にカラダに伝えられている状態をいいます。反発力を利用することで、足は劇的に速くなるのです。「ポン・ピュン走法」を身につけるには、この「姿勢」、つまり頭から足までをまっすぐに伸ばすことが前提となります。姿勢が悪いと、地面から得られる反発力がカラダの中で吸収され、弱まってしまうためです。

　また、足の遅い子は、地面にかかとで着地していることが多く、地面からの反発力を逃す原因をつくっています。こうした地面への足の着地点もポイントです。

　このステップを通して、地面からの反発力を上手にスピードに乗せるための姿勢を身につけていきましょう。

Let's try

01 白樺のポーズ

強い風にも負けない木のように、地面にまっすぐに立つ基本の姿勢。

＼シャキーン／

1 シャキーンと立ちつま先を開く

かかとはつけたままで、できる限りつま先を開く。

2 両腕で木を抱くポーズをする

まっすぐに立ち、両腕で木を抱えるように構える。

CHECK!

走りへの効果

跳ね返りの力を逃がさない

頭から足まで一直線に伸ばす姿勢を維持することで、走るときに得られる地面からの跳ね返りの力を逃さないカラダをつくります。背骨と骨盤をひとつの物体として意識します。

3 両足を元の位置に戻す

つま先を開いた感覚をカラダに残したまま、両足を元の位置に戻す。

4 背すじをスッと伸ばす

糸で吊られているような感覚で、背すじを伸ばす。

注意

腰が曲がらないようにする

Let's try

02

ポンポン・ジョギング

カラダの真下に足をつく気持ちでゆったりとジョギング。

1 カラダの真下で ポンポンと足をつく

真下に足をつくことを意識しながら、
その場で走るまねをする。

CHECK!

走りへの効果

地面につま先から着地する感覚を覚える

全力で走っているとき、足の遅い子は、地面にかかとから着地している場合が多く、減速の原因になっています。カラダの真下に足をつくことを意識させることで、足のつま先から着地できる走り方が身につきます。

2 慣れてきたら ジョギングする

慣れてきたら、フォームを維持したまま
ゆっくりジョギングする。

注意

速く走るとき かかとから地面に 着地しない

アドバイス

足の指を使うイメージを持って走る

つま先のどの指で着地するのが走りやすいかを意識させることで、フォームが覚えやすくなる。

「ポン・ピュン走法」誕生秘話②

川本和久コラム2

物理学の法則を使って完成した「ポン・ピュン走法」

1992年3月にアメリカから帰国した私は、当時福島大学の陸上部にいた雉子波《きじなみ》（現・二瓶《にへい》）秀子《ひでこ》と、速く走るための新フォームの研究を始めました。私の理論をもとに雉子波が走るということを何度も繰り返し、それで、ある種のフォームができあがってきたのが1995年ごろです。この年、福島県陸上競技選手権大会で200mに出場した雉子波は、23秒82の日本タイ記録で優勝しました。

ですが、この結果を受けてすぐに「新フォームが完成した！」とはなりませんでした。私にはまだこの走り方を体系化する方法がよくわからなかったんです。「理由はよくわからないが、このフォームで走ると速くなる」。そんな状態でした。ある日の練習中、いつものように雉子波に200mを走らせると、彼女は10本中、7、8本は24秒台で走ってみせます。その結果に満足していると、彼女に「こんなトレーニングではこれ以上速くなれない」と指摘されました。自分のコーチングの未熟さを痛感し、それがきっかけでフォームの体系化を始めたんです。

参考になったのは、トム・テレツ氏から紹介された『トラック・アンド・フィールド・ダイナミクス』（Tafnews Press刊）という本です。これは陸上競技に物理学の法則を活かすということを述べた本で、「ポン・ピュン走法」の体系化になくてはならない1冊となりました。こうして生まれた「ポン・ピュン走法」により、日本記録を更新した選手は、丹野《たんの》（現・千葉《ちば》）麻美《あさみ》(400m)、池田《いけだ》（現・井村《いむら》）久美子《くみこ》（走り幅跳び）、久保倉里美《くぼくらさとみ》（400mハードル）などなど。彼女たちの記録はいまだに破られていないのです。

STEP
2

「スタート」を
マスターする

「よーい、ドン」で始まるスタートは、短距離走では勝ち負けの明暗を
分けるといっていいほど重要なポイント。しっかり覚えておきましょう。

POINT

ステップアップの

ポイント

スタートダッシュで差をつける

誰よりも速く飛び出す
スタートの構えを覚える

「よーい、ドン！」の合図でスタートラインからパッと飛び出して1位になる子と、遅れてビリになってしまう子の差はどこにあるのでしょうか。

「生まれながらのセンス？」と思っていたら、それは大間違い。実は、ステップ1と同様、ここでも「基本の姿勢」が関係しているのです。

スタートの姿勢は、「位置について」「よーい」「ドン！」の3

このステップでチェックしてあげること

スタンディングスタート

「よーい」の構え
→ 34ページ

- □ スタートダッシュしやすい軸足を選ぶ。
- □ 背中を丸めないようにする。
- □ あごを上げない。

「ドン！」からのダッシュ
→ 36ページ

- □ 「ドン！」の瞬間は目線を上げない。
- □ 腰から平行移動するイメージを持つ。
- □ 地面を最後まで蹴る。

スタートダッシュからのグイグイ走り
→ 38ページ

- □ つま先で地面を押しながら走る。
- □ 腕をしっかり振りながら走る。

クラウチングスタート

「よーい」の構え
→ 40ページ

- □ 前傾の姿勢で構える。
- □ 両手、前軸足、後ろ足の距離は均等にする。

「ドン！」からのダッシュ
→ 42ページ

- □ あごを下げて走る。
- □ 最初の1歩目をしっかり蹴り出す。
- □ 腕の振りを利用する。

スタート時のパワーを上手に使って
どんどん加速していけるようになる！

つに分けられます。「位置について」と「よーい」で、ダッシュ力を溜め込むためのポーズをつくり、「ドン！」の合図で、溜め込んだ力を一気に使って、勢いよく前に飛び出します。

トップアスリートにとって、スタートのタイミングは勝負の明暗を分ける重要なポイントです。パワーのあるスタートを切ることができれば、その後の走りでどんどん加速していくことができるからです。運動会で短距離走を走る子どもたちにとっても、ライバルとの差をつけるチャンスと言えるでしょう。

このステップで、理想的なスタートを切るための基本を身につけましょう。

Let's try

01

「よーい」の構え（スタンディングスタート）

カラダや足を素早く動かすのではなく、地面に大きな力を加えるための構え。

1 カラダを倒して軸足を決める

両足をそろえて、カラダを前に倒していくと、
上体を支えようとして足が自然に前に出る。
この足の反対側を軸足とする（写真では左足）。

CHECK!

走りへの効果

スタート時の正しい姿勢を覚える

スタートが遅い子の「よーい」の姿勢は、同じ側の足と手が前に出ている場合が多いのですが、これでは地面を強く蹴ることができません。手と足の向きを逆にし、頭よりも足の位置を後ろにすることで、大きな力が出せるスタートの姿勢をつくれます。

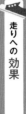

＼よーい／

2 背中をまっすぐ倒して前傾の姿勢をつくる

軸足を中心にして、前に出した足を後ろに下げ、ひざを 90°くらいに深く曲げて前傾の姿勢をつくる。あごを引いて、目線は斜め下に向ける。

アドバイス

ひざの曲げ方は垂直飛びで確認

スタート前に垂直飛びをしてひざの曲がり具合を確認します。

\ Let's try /

02 「ドン!」からのダッシュ

（スタンディングスタート）

つま先で地面を強く蹴りながら、前方に「ポン」と飛び出すダッシュ法。

\ ドン! /

ひとつ前の動作
「よーい」の構え

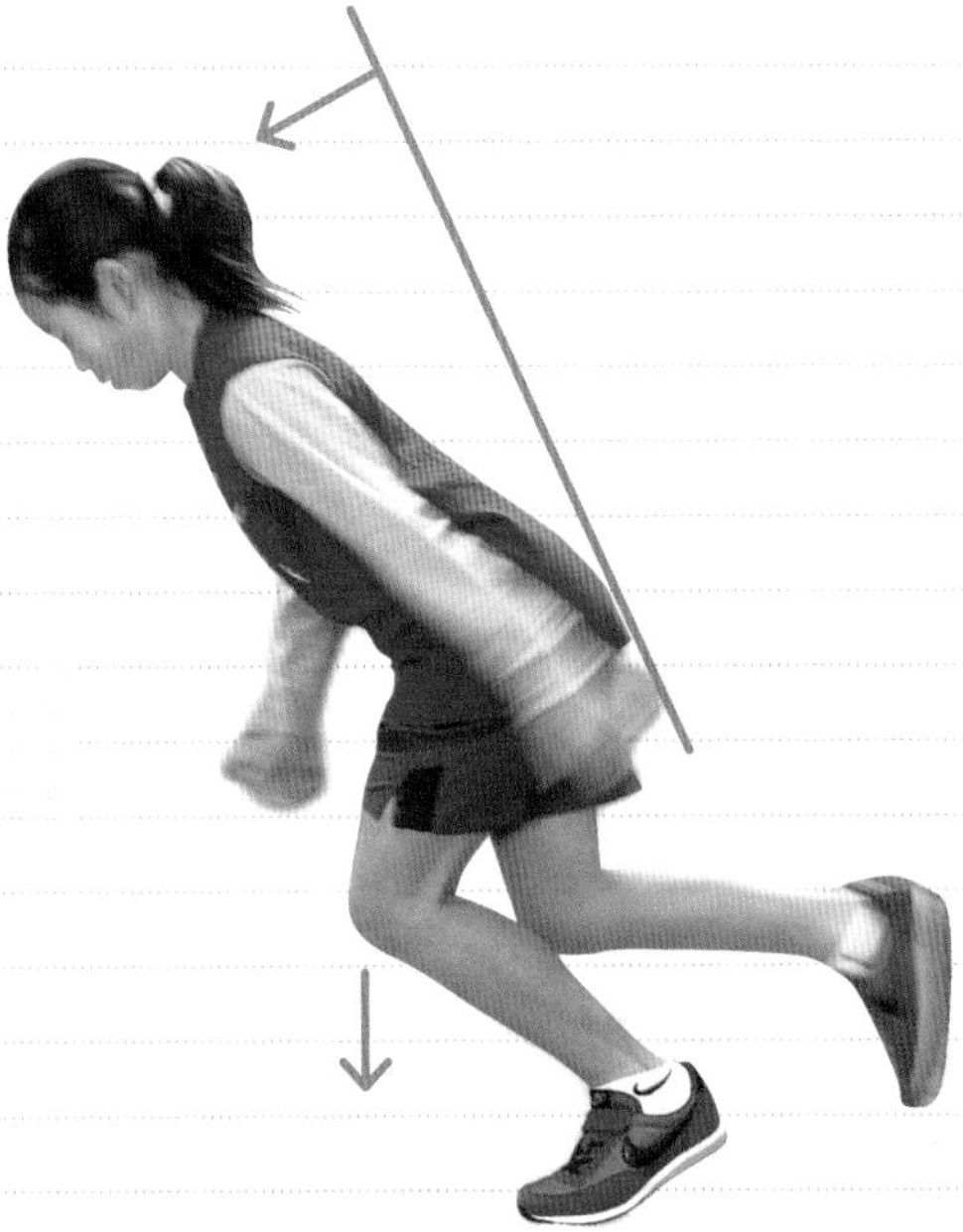

1 ひざを落として重心を前に移動させる

「ドン!」の合図で軸足のひざを落とし、その勢いで重心を前に移動させる。

CHECK!

アドバイス

後ろから押してタイミングを覚えさせる

腰の下に手を当てて、「ドン」のタイミングで前に押してあげると、重心を平行移動させる練習になります。

② 足の指で地面を強く押す

足の指で地面を強く押す。
前足（下腿）と地面との角度は45度くらいになるのが理想。

③ 反発力を利用してポンと飛び出す

地面からの反発力を使って軸足とは反対の足（写真では右足）で前に飛び出す。

アドバイス

ひざの飛び出し方に注目する

飛び出しのとき、地面と両足で平行四辺形のような形をつくるのが理想。

\ Let's try /

03

スタートダッシュからのグイグイ走り

（スタンディングスタート、クラウチングスタート共通）

前傾姿勢のまま、太ももの筋肉で地面に力を加えていく走り方。

ひとつ前の動作
ダッシュ時の姿勢

1 飛び出した足で地面を押さえる

ポンと飛び出した最初の足でしっかり地面を押さえる。

2 カラダの姿勢を保ちながら前進

前傾姿勢を維持しながら、カラダを平行移動させるように走る。

CHECK!

走りへの効果

前傾姿勢とつま先走りで速くなる

人間のカラダは傾いた方向に加速していきます。スタート時の前傾姿勢を維持しながら走ることで、ぐんぐんスピードに乗っていけるようになります。ただし、カラダが起き上がると減速するので、頭は下げたままで走ることを意識します。

＼グイグイ／

③ 足はカラダの真下に着地するイメージ

腰よりも前に着地すると減速するので、真下か後ろに着地するイメージを持つ。

④ 目線を上げず足の指でグイグイ走る

つま先でしっかりと地面を押しながら3歩目、４歩目を腕をしっかり振って進む。

注意

ひざを曲げすぎない

\ Let's try /

04

「よーい」の構え
（クラウチングスタート）

両手と軸足の距離を意識しながら、最も力の出しやすい姿勢をつくる。

\ スタートラインに手をついて /

1 手の指で上半身を支えかかとを持ち上げる

両手をつき、両足のかかとを浮かせたままで構える。

CHECK!

アドバイス

手と足の距離に注目する

両手の位置と、軸足（写真・左足）のつま先、そして後ろ足（写真・右足）のつま先の距離が等間隔になるように構えましょう。自然と力の出しやすい姿勢をつくることができます。

＼よーい／

3 腰を起こして スタートの構え

「よーい」の合図でひざを
曲げたまま腰を上げる。

＼位置について／

2 頭を下げて 前傾姿勢をつくる

「位置について」の合図で、
やや頭を下げる。

注意

頭を上げないように

\ Let's try /

05

「ドン!」からのダッシュ

（クラウチングスタート）

両手を大きく振りながら、前傾姿勢のまま勢いよく飛び出す。

ひとつ前の動作

「よーい」の構え

\ ドン! /

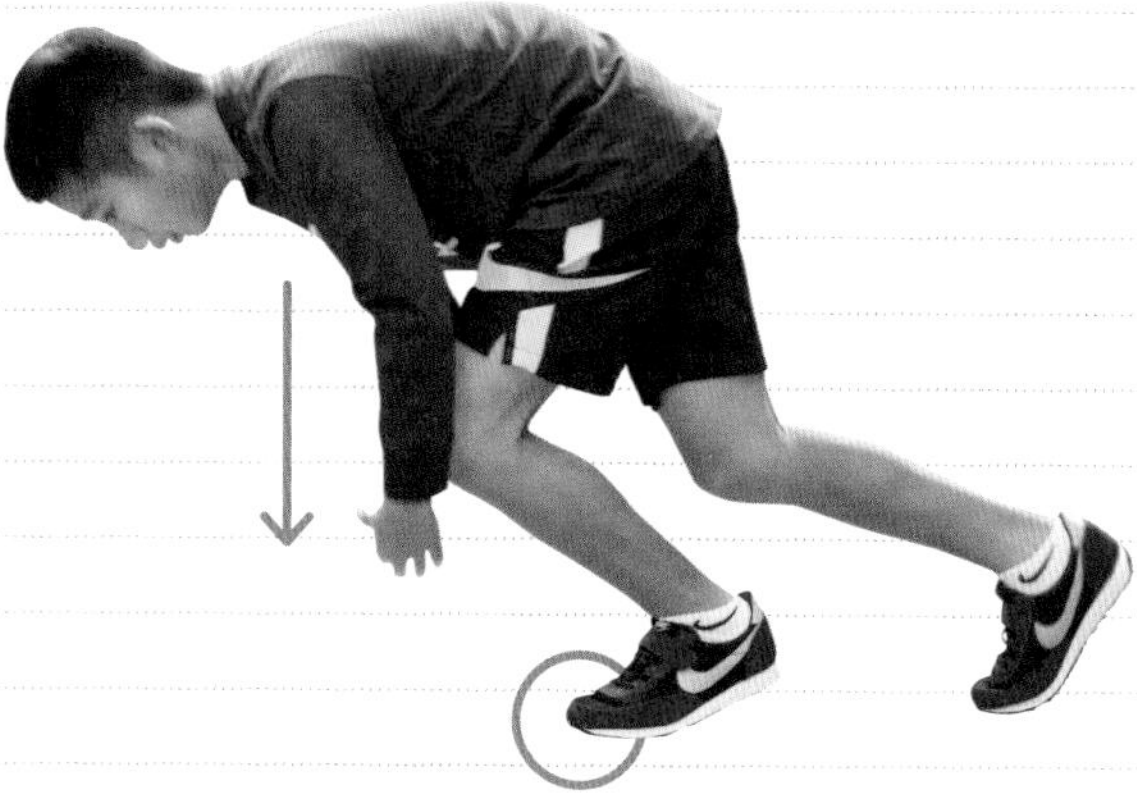

1 ひざを落として軸足に力を込める

あごを下げて、「ドン!」で軸足に思いきり力を込める。

CHECK!

走りへの効果

スタートダッシュが大幅にアップ

クラウチングスタートはスタンディングスタートよりも前傾姿勢が深くなる分、ダッシュ時の加速力も大きくなります。足にも大きな力が加わるので、つま先を地面に食い込ませるイメージを持ち、滑らないように注意しましょう。

2 地面を押しながら重心を移動させる

前傾姿勢のまま、軸足で
地面をグイと押す。

3 反対側の足で大きく飛び出す

反対側の足の振り出しと、
腕振りで勢いをつけて飛び出す。
両足は平行四辺形を描くのが理想的。

注意
飛び出し時、両手が後ろに振れてしまうと減速のもと

Let's try

06

「6歩ダッシュ」で走りをチェック

（スタンディングスタート、クラウチングスタート共通）

身についたテクニックを使ってどれくらい速くなったかをテスト。

＼ドン！／

スタート練習前

スタート練習後

CHECK!

走りへの効果

歩幅が伸びると速くなる

スタートダッシュを覚える前に比べて、どれくらい速くなったかをチェックします。まず練習前に一度「よーい、ドン」で走らせて、6歩目までの距離を測っておきましょう。練習後に、もう一度チェックしてみてください。6歩目までの歩幅が伸びていたら成功です。何度も繰り返して距離を伸ばしていきましょう。

アドバイス

6歩目の伸びを記録しておく

ボールを置く、ラインを引くなどして、練習前と練習後の結果を比較できるようにしておきます。

COLUMN

子どもと一緒に練習する前に準備したいこと

川本和久コラム３

運動不足を感じているなら準備運動、筋トレを忘れずに

「さあ、今日から子どもと一緒に練習だ！」と意気揚々と挑むのは良いことですが、始めてみたら「日ごろの運動不足で、子どもの練習についていけなかった……」なんてことにならないように。運動不足の人は、加齢などで筋肉が衰えている可能性があるので、お子さんの見ている前で走って転んでケガをしてしまった、なんてカッコ悪いことにもなりかねません。練習前のウォーミングアップやトレーニングは欠かさないようにしたいものです。

そんなトレーニングにも「ポン・ピュン走法」の練習内容は役立ちます。おすすめは足を持ち上げて真下に下ろす「空き缶つぶし」（50 ページ）。走るのに欠かせない太ももの前面の筋肉（大《だい》腿《たい》四《し》頭筋《とうきん》）がきたえられます。もちろん、もも上げやスクワットなどのスタンダードなトレーニングも効果的です。また、運動神経の回路が鈍くなっている可能性もあるので、「ポーンポーン振り子」（88 ページ）や「足じゃんけん」（98 ページ）などのコーディネーショントレーニングで運動のカンを取り戻しておくといいかもしれません。

お子さんの練習にしっかりと付き添えるよう、自身のトレーニングも欠かさないようにしましょう。

空き缶つぶし（50ページ）

STEP
3

「反発力」をマスターする

地面を踏んだときに得られる反発力を上手に使える人は、速く走れたり、遠くまで跳べたりします。この反発力の使い方を身につけましょう。

ステップアップの
ポイント

速さの基本になる「反発力」をカラダに伝える

弾むちからを上手にカラダに伝えて速くなる

走る練習をする前に、子どもに「歩く」と「走る」の違いについて考えてもらいましょう。歩いているときは、常にどちらかの足が地面についていますが、走っていると両足が地面から離れる瞬間があることに気づいてもらえると思います。「あたりまえじゃん」と言われてしまうかもしれませんが、速く走るために押さえておきたい大切なことです。

なぜ、走っていると両足が地面

このステップでチェックしてあげること

空き缶つぶし①～②

→ 50～53ページ

□ 骨盤がまっすぐに立っている。
□ ひざから下はちからを抜く。
□ 足を上から下にまっすぐに下ろす。
□ 足元を見ない。前を向く。

空き缶つぶし③

→ 54ページ

□ 振り下ろす足の動きと同時にもう一方の足を動かす。
□ 空中で足を入れ替える。

腕振りテクニック①

→ 56ページ

□ 腕を上から下に振ってちからが下方に加わることを確認する。

腕振りテクニック②

→ 58ページ

□ カラダの前で腕を振る。
□ 振り上げた腕の角度は 90 度。

リバウンドジャンプ①～②

→ 60～63ページ

□ カラダをまっすぐに立てる。
□ ひざを伸ばす。
□ 地面で休まず連続ジャンプする。

リバウンドジャンプ③

→ 64ページ

□「空き缶つぶし③」の動きを意識する。
□ かかとを上げすぎない。

カルガモ走り

→ 66ページ

□ カラダの軸をまっすぐにして走る。
□ かかとで着地しない。

ポン・ポン走法①～②

→ 68～71ページ

□ カルガモ走りを意識する。
□「ポンポン」とリズムに乗せて走る。

「ポン」のテクニックが身につけば、地面からの反発力を活かした走りができる！

から離れる瞬間があるのでしょうか。それは、歩いているときよりも強い「反発力」で移動しているからです。この「反発力」を上手にカラダに伝えるテクニックを身につけることがこのステップの目的です。

　運動会のリレーで使うバトンを例に考えてみましょう。バトンを腰の高さから落とすのと、胸の高さから落とすのとでは、胸の高さから落とすほうが大きく弾みます。また、垂直に落とすのと傾けて落とすのとでは、弾み方に違いが出ます。

　この例と同じように、反発力を走りに上手に活かすには、足が地面に着地するときの向きや高さ、姿勢がポイントになってきます。

\ Let's try /

01

空き缶つぶし①

地面に大きなちからを与えて反発力を受けるための足の動き。

1 背すじを伸ばしてシャキーンと立つ

「白樺のポーズ」（26 ページ）のように背すじを伸ばす。

CHECK!

走りへの効果

反発力を得るための基本動作を覚える

地面に垂直に足を下ろす動きは、地面の反発力を集めやすいフォーム。背すじをまっすぐに伸ばす、地面に足を垂直に下ろす、という速く走るための基本の動作を身につけます。

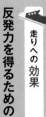

＼ひざを持ち上げて／

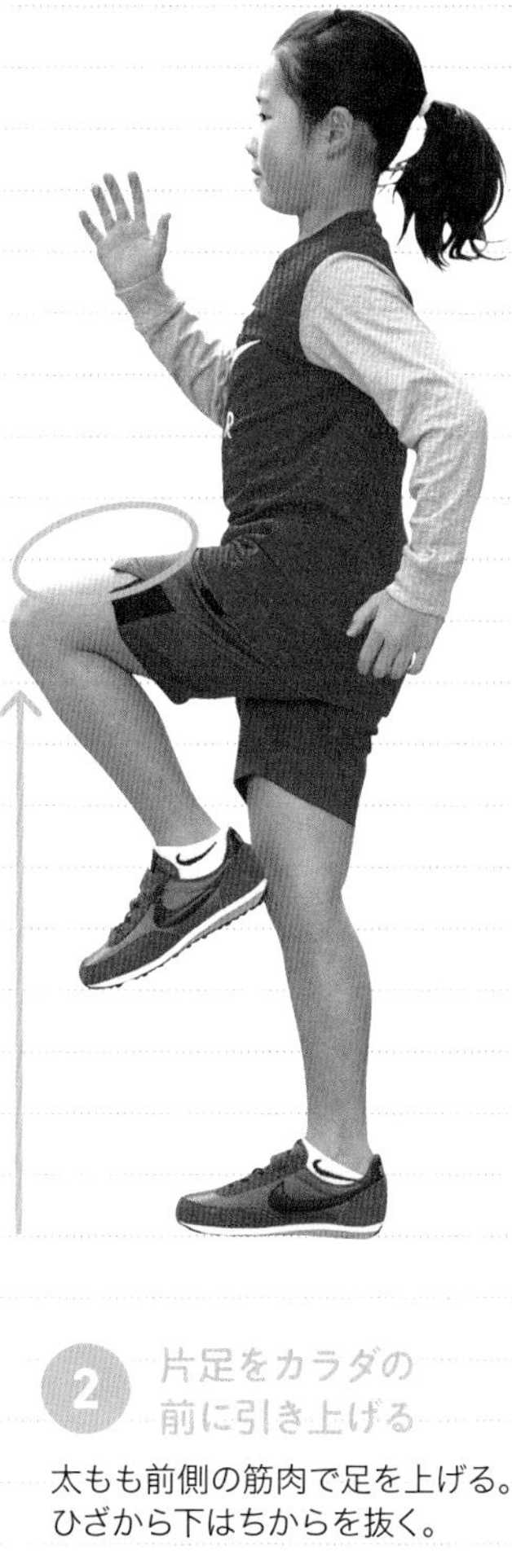

2 片足をカラダの前に引き上げる

太もも前側の筋肉で足を上げる。
ひざから下はちからを抜く。

＼踏む／

3 上げた足を垂直に下ろす

前を向いて、着地する１点にちからを集中させ、
空き缶をつぶすように、垂直に強く踏む。

注意

軸足のひざを曲げない

＼ Let's try ／

02 空き缶つぶし②（追い越し動作）

空き缶つぶしから、走るためのフォームにつなげるための基本的な動き。

＼ 缶をつぶして ／

1 足を下ろして腕を大きく振る

「空き缶つぶし①」（50 ページ）の動きをしながら、大きく腕を振る。

CHECK!

走りへの効果

“缶つぶし”の反発力に「方向性」を持たせる

「空き缶つぶし①」で地面からの反発力を得る方法を身につけたら、今度はそのちからに「方向性」を持たせる練習です。重心を前に動かしながら垂直に踏み込むことで、反発力をスピードに変える技術を身につけます。

＼追い越す！／

＼腕を振って／

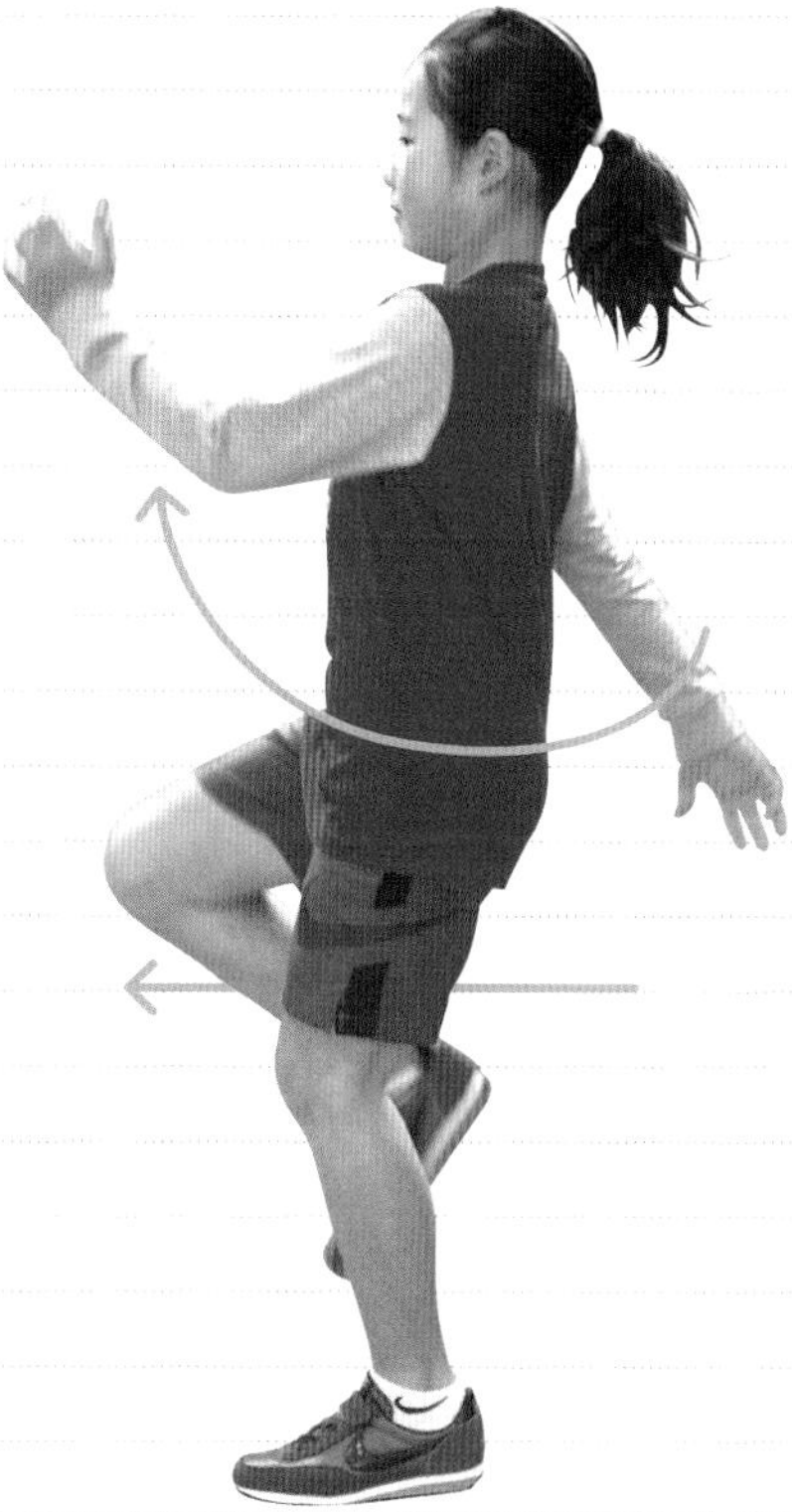

2 「ポン」のかけ声で素早く1歩前に出る

足の着地と同時に腕振りの
勢いで、後ろ足を前に出す。

注意
目線を下げない、
足元を見ない

＼Let's try／

03

空き缶つぶし③（空中交差）

地面に力を加え、跳ね返りのちからで腰を前に移動させる動きを空中で行う。

＼構えて／

＼ジャンプ／

1 片足をカラダの前に引き上げる

背すじを伸ばして片足で立ち、浮かせた足のひざから下のちからを抜く。

2 重心を前にして飛び上がる

浮かせた足を真下に下ろしながら、軸足でジャンプする。

CHECK!

走りへの効果

「ポン」の動きをカラダで覚える

「空き缶つぶし」①と②は「地面からの反発力を、スピードに変える動き」を理解するための練習でしたが、③ではこのフォームを無意識にできるようになるための「カラダに覚え込ませる」練習になります。手順1〜4の動きを「ポン!」の一拍で、素早くできるようになりましょう。

＼足を入れ替えて／

3 空中で足を交差させる

空中でタイミングよく前足と後ろ足を入れ替える。

＼着地！／

4 逆足の姿勢で元のポーズに戻す

両足を逆にしたポーズで手順１の姿勢に戻る。

注意

しっかり腕を振らないと着地で姿勢が乱れてしまう

\ Let's try /

04 腕振りテクニック①

反発力をスピードに変えるために大切な腕振りのポイントを押さえる。

\ 手を持って /

○ 前に振る 正しい腕の動き

1 向かい合い 肩の位置で手を持つ

子どもには、ひじを伸ばして手の甲を上に向けさせる。

× 後ろに振る ダメな腕の動き

3 腰の位置から 手の甲を持つ

手順1と同じ要領で、今度は肩より下の位置で持つ。

CHECK!

走りへの効果

腕振りのポイントを感覚でつかんでもらう

最初に子どもの腕をカラダの前で持ちます。そして下方（上から下）に投げると、腕はスムーズに回ります。今度はその腕をカラダの後方に向けて振ると、運動のエネルギーも後方に流れていくことがわかります。地面から得られる反発力を高めてさらに前に弾んでいくため、この「上から下」に腕を振る動きを身につけます。

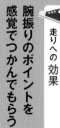

2 つかんだ手を上から下に投げる

上から下に力を加えたら、腕がスムーズに振れる感覚をつかませる。

4 つかんだ手をさらに後方に投げる

腕を後ろに振ってしまうと、ちからは後方に逃げてしまうことを理解させる。

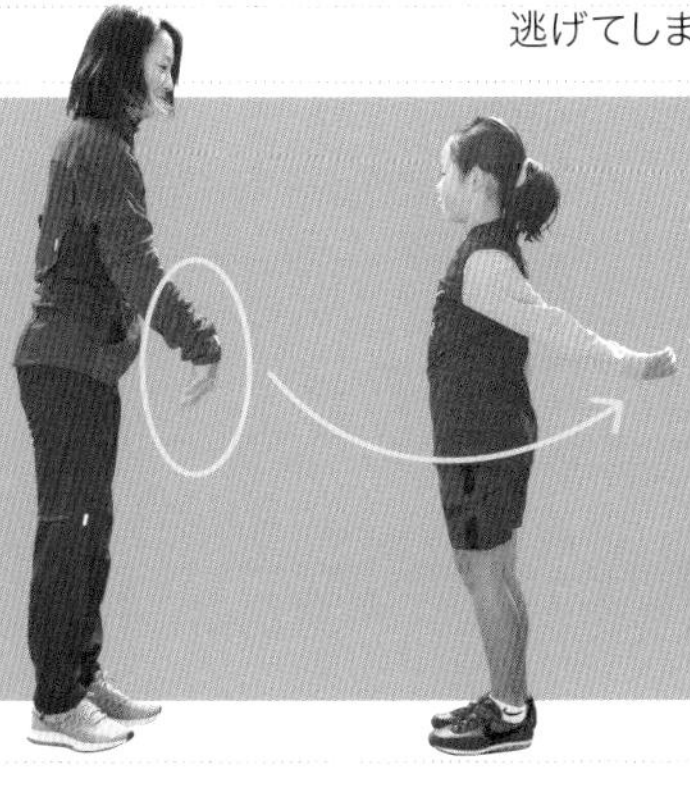

アドバイス

腕振りは最初の動きにちからを込める

腕にちからを入れるのは、上から下に振る瞬間だけでOK。腕振りのちからが走りに活かせるようになります。

\ Let's try /

05 腕振りテクニック②

肩の筋肉を使って、カラダの前で腕を振る感覚を身につける。

\ シャキーン /

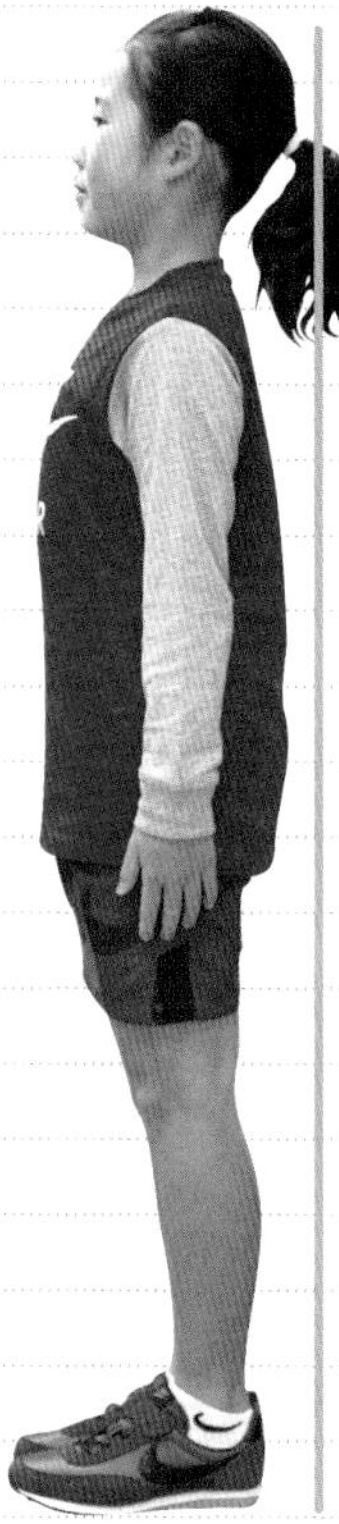

1 白樺のポーズで姿勢を整える

「白樺のポーズ」(26 ページ)のような姿勢で立つ。

\ 腕振りの構えで /

2 ひじを直角に曲げて、持ち上げる

ひじを 90 度になるように曲げて、足を前後に開く。

CHECK!

走りへの効果

腕を振る方向で速さが変わる

「腕振りテクニック①」(56ページ)で「カラダの前で上下に腕を振る感覚」を身につけたら、今度は実際に走ることをイメージした腕振りの練習を行います。この練習では、ひじを曲げすぎてチョコチョコとした小刻みな腕振りにならないよう注意します。肩のちからを使って大きく振ることを心がけます。

③ 肩の筋肉で大きく腕を振る

カラダの前で、上から下に切るように
左右の腕を大きく振る。

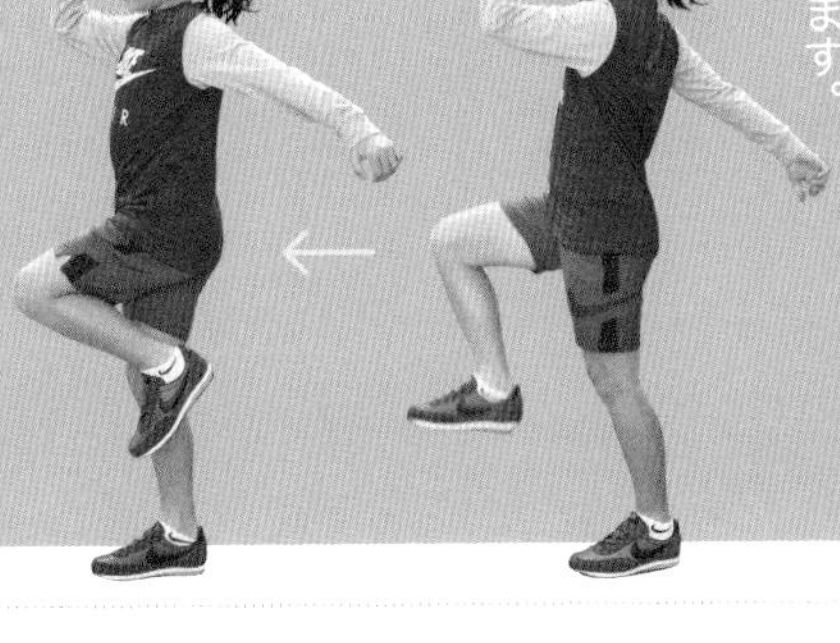

アドバイス

足の動きと組み合わせよう

慣れてきたら、「空き缶つぶし②」（52ページ）で身につけた足の動きと一緒にカラダを動かして、フォームを完成させます。

06 リバウンドジャンプ①

連続でジャンプしながらボールのようにポンポン弾む動き。

1 背すじとひざを伸ばして立つ

胸を張り、背すじとひざを伸ばしてつま先にちからを入れる。

2 ポンポンと弾ませる

足の親指の付け根あたりで地面を押しながら、連続でジャンプ。

CHECK!

走りへの効果

速く走るための弾む感覚を身につける

普通のジャンプはひざを曲げてその反動で飛び上がりますが、ひざを曲げると、地面からのちからを吸収してしまい、反発力を利用した走りができません。できるだけひざを曲げず、地面からの反発力を活かして弾む感覚を身につけます。

＼親指で押して／

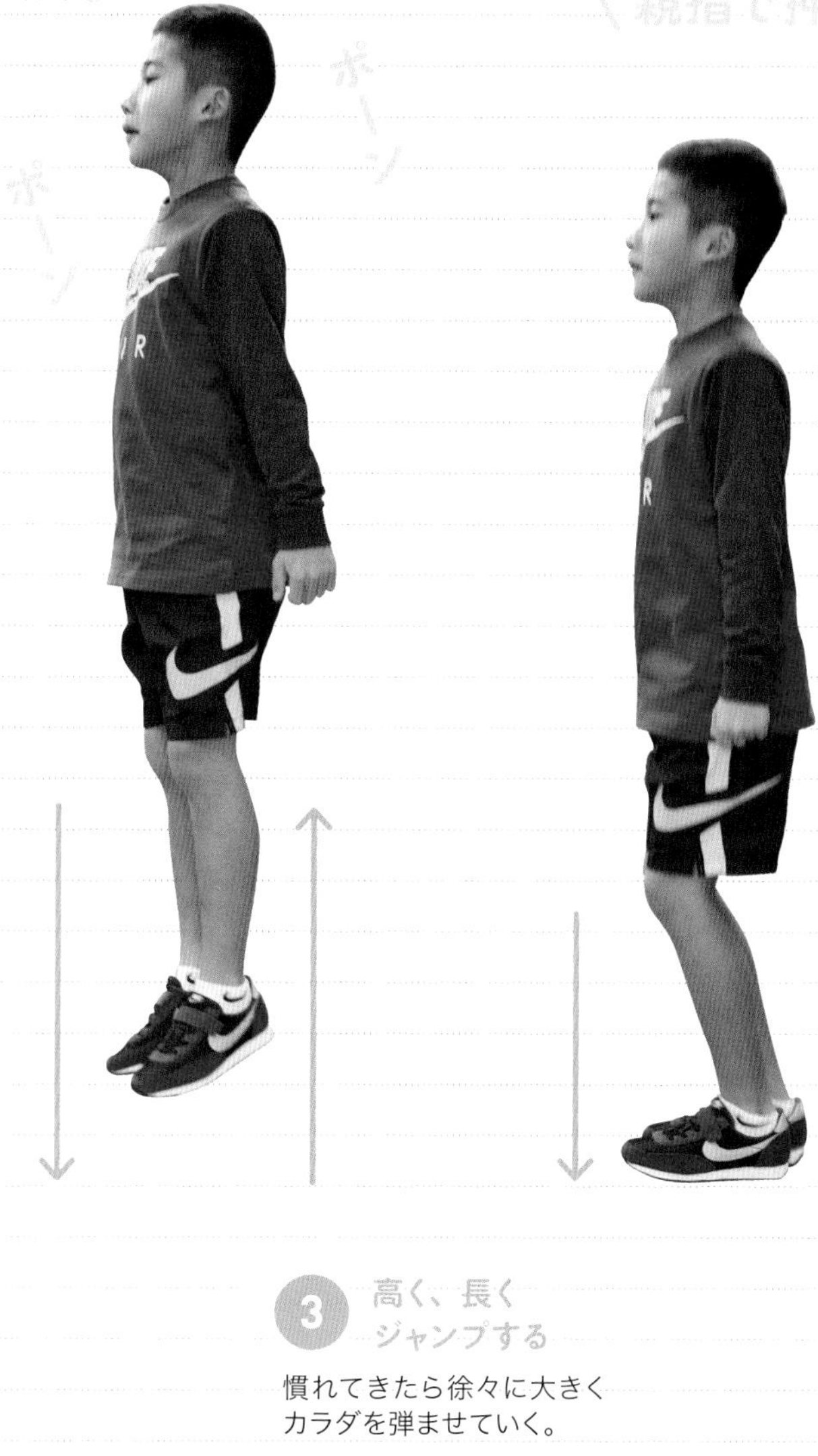

3 高く、長く ジャンプする

慣れてきたら徐々に大きく
カラダを弾ませていく。

注意

カラダを曲げながら
跳ばない

Let's try

07 リバウンドジャンプ②

（親子で一緒に）

強い反発力が、カラダを大きく弾ませることがわかる二人一組の練習方法。

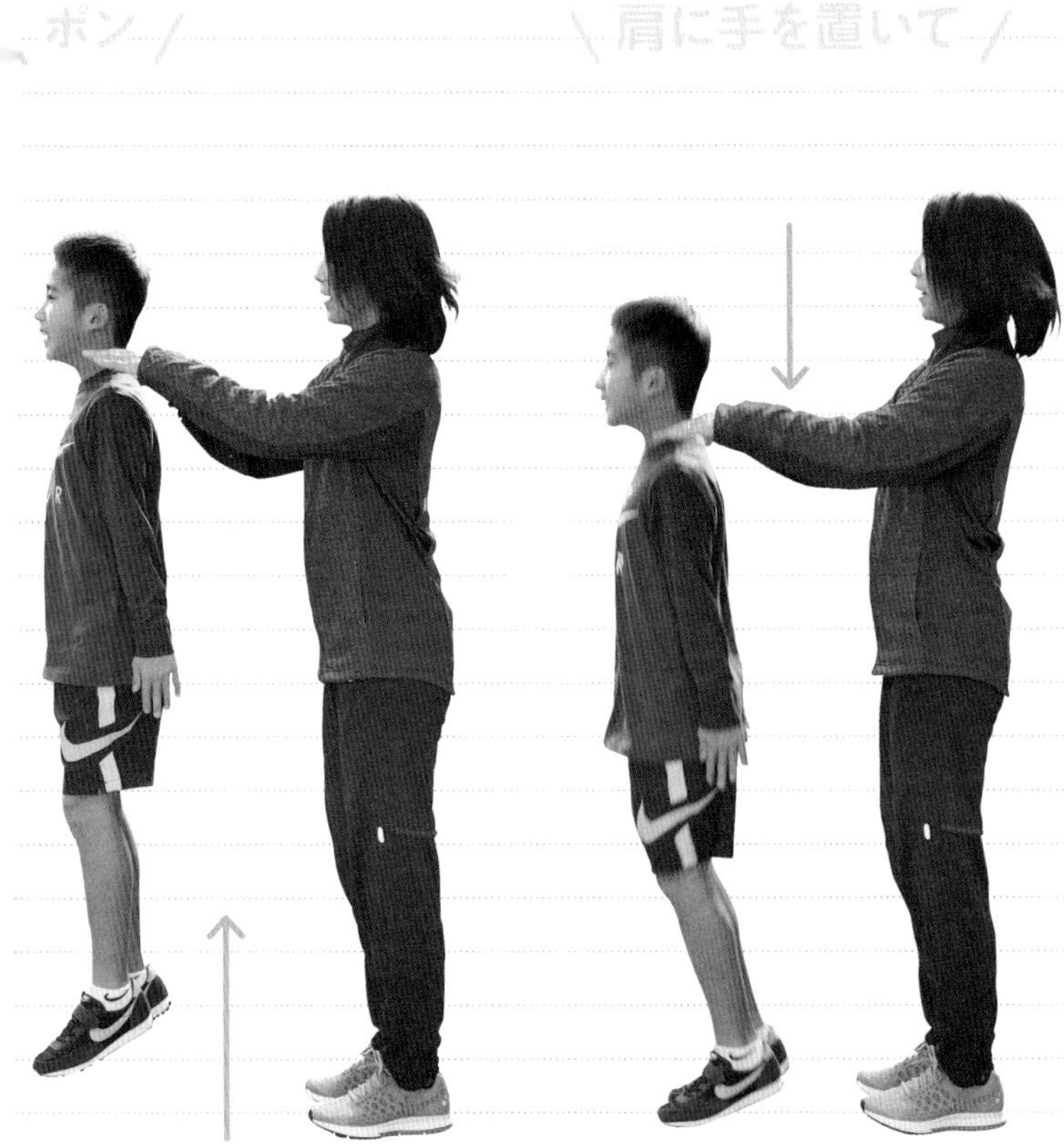

1 跳ねる人の後ろに立ち両肩に手を置く

跳ねる人はリバウンドジャンプ①（60 ページ）の姿勢で立つ。

2 ジャンプの動きに合わせて肩を押す

ジャンプのタイミングに合わせ、ドリブルするように肩を押す。

CHECK!

走りへの効果

反発力が大きいほど弾むちからも大きくなる

二人一組の練習により、ジャンプで得られる反発力が大きくなります。反発力が大きくなるにつれ、カラダがさらに大きく弾むことを実感できるようになります。

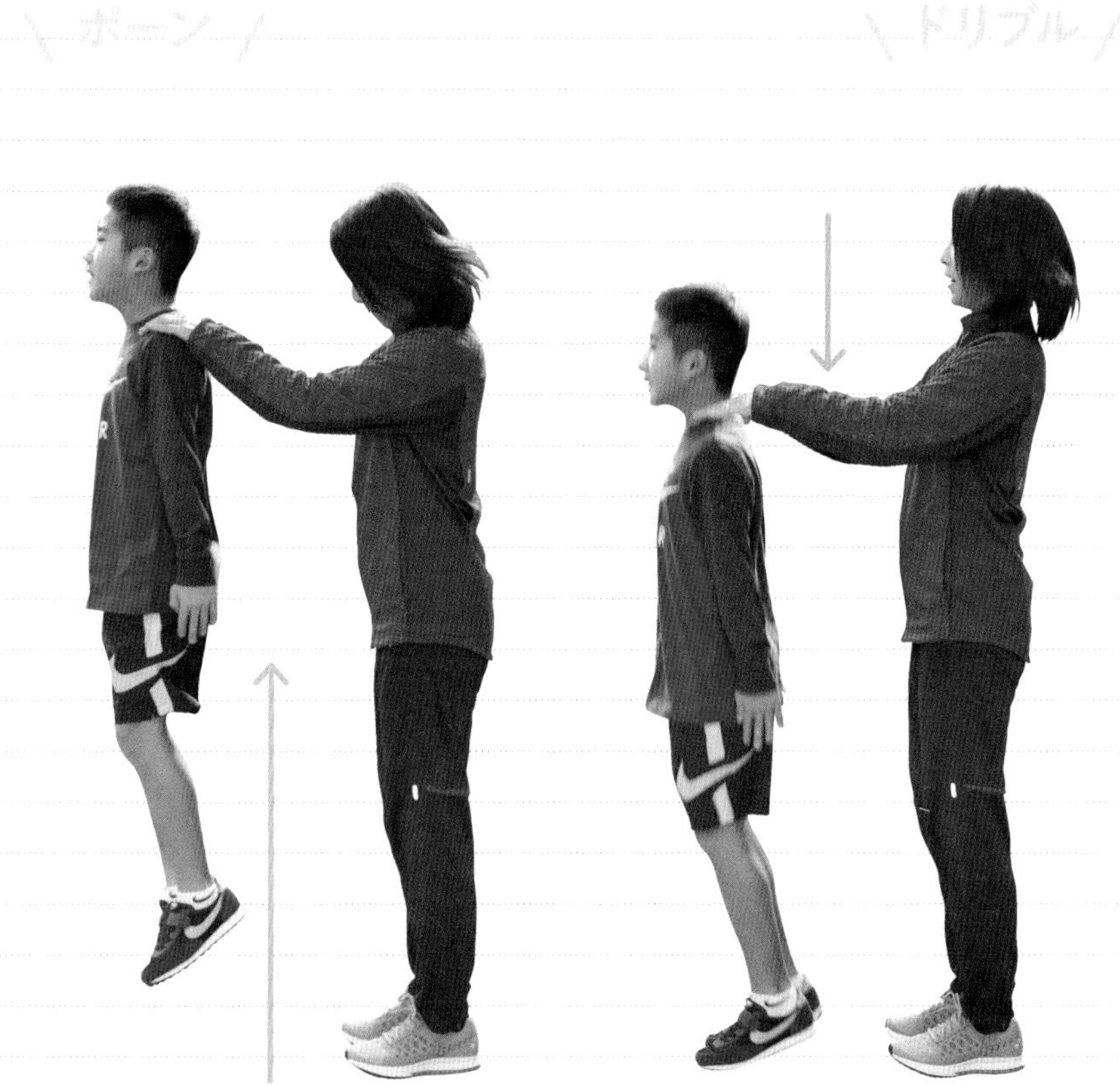

❸ 肩を押すちからに強弱をつけてみる

慣れてきたら両肩を押すちからを変えて、ジャンプに強弱をつけてみる。

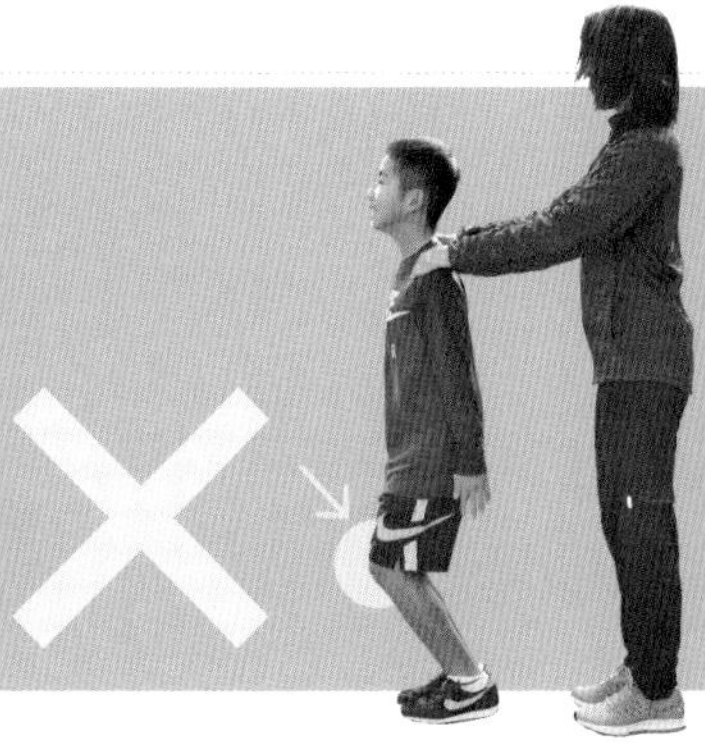

注意

肩を押すちからに負けてひざを曲げないように

Let's try

08 リバウンドジャンプ③

スキップのリズムで弾むことを意識しながら前にジャンプする。

1 ポンポンポンと連続でジャンプ

「リバウンドジャンプ①」（60ページ）の要領でジャンプする。

2 空き缶つぶしで足を交差させる

ジャンプしながら、「空き缶つぶし③」（54ページ）の要領で足を交差させる。

CHECK!

走りへの効果

地面からの反発力で跳ねるように走る

「空き缶つぶし」と「リバウンドジャンプ」を組み合わせた動きです。「ポンポンポン」と連続ジャンプの動きから空中で足を交差させる「空き缶つぶし③」（54ページ）の動きを意識しながら、前に跳んでいくことで、地面からの反発力で前に跳ぶ＝歩幅を広げるテクニックが身につきます。

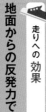

ステップ❶
ステップ❷
ステップ❸
ステップ❹
ステップ❺
ステップ❻
特別収録

3 同じ動きを繰り返す

手順1→2の動きを繰り返しながら、タターン、タターンと前に進む。

注意

かかとを上げすぎない

\ Let's try /

09

\ ポン / \ 位置について /

カルガモ走り

先頭のあとに続いてポンポンポンと弾みながら楽しく練習。

1 「空き缶つぶし」のポーズで前に立つ

「空き缶つぶし②」(52ページ)のポーズで一緒に並ぶ。

2 「ポンポンポン」とリズミカルに弾む

「ポン」の瞬間は「空き缶つぶし③」(54ページ)の動きで、足を交差させる。

CHECK!

走りへの効果

ポン・ポン走法を親子で楽しく練習

ここまでのレッスンをすべて終えたら、親子で一緒に練習してみましょう。両手をカラダの前で振る「腕振り」の動き、足を交差させながら跳ぶ「空き缶つぶし」の動き、そして地面の反発力を利用する「リバウンドジャンプ」の動き、すべてを使って実際に走ってみます。子どもに先頭を走らせて後ろからフォームをチェックしてあげてもいいでしょう。お遊戯感覚で楽しくチャレンジしてみてください。

3 一緒にポンポン走り

手順２の動きを続けながらジョギングくらいのスピードで前進。

アドバイス

3つのフォームをチェックしてあげる

「腕振り」「空き缶つぶし」「リバウンドジャンプ」ができているかをチェック。できていないところは、それぞれのレッスンに戻って練習しましょう。

「ポン」の動き

\ Let's try /

10 ポン・ポン走法①

空中で前後の足を入れ替えながら、ポンポンと弾むように走る。

1 つま先のちからで前に跳ね上がる

腕を振って勢いをつけながら前方に跳ね上がった瞬間、前後の足を入れ替える。

CHECK!

走りへの効果

足が自然に前に出るようになる

「カルガモ走り」（66ページ）の動きを、実際の走りに応用します。弾んだ瞬間に空中で前後の足を入れ替えることを意識して、ポンポンポンと走るクセを身につけることで、全力疾走したときも足が自然と前に出るようになります。

ステップ❶
ステップ❷
ステップ❸
ステップ❹
ステップ❺
ステップ❻
特別収録

2 ポンポンポンと テンポよく走る

左右の足で手順1と同じ動作を
繰り返しながら弾むように。

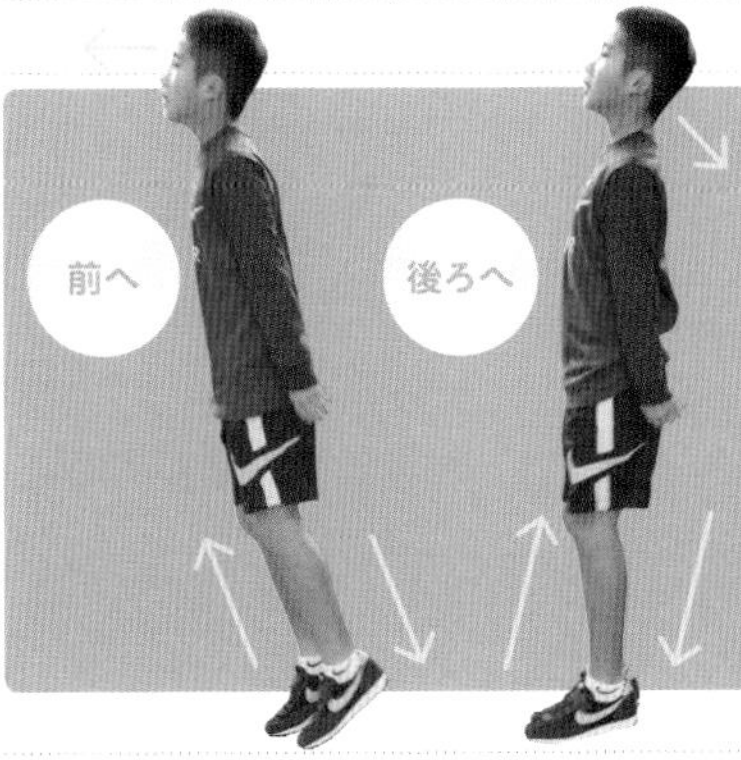

アドバイス

弾むときは重心を意識する

両足で連続ジャンプをしながら、頭を前に向けると前へ、後ろに倒すと後ろに弾むのがわかると思います。頭（重心）の位置を意識することで、より高く前に弾むことができるようになります。

Let's try

11 ポン・ポン走法②

さらに弾みながら歩幅を広げるための応用練習。

① ライン上をポンポン跳ねながら走る

60センチの等間隔にラインを置き、ポンポンポンとリズミカルに跳ねながら走る。弾むときは、空中で足を入れ替える「空き缶つぶし③」（54ページ）の動きを忘れずに。

CHECK!

走りへの効果

ラインの間隔を広げて移動距離を伸ばす

ポン・ポン走法を覚えたら移動できる距離（歩幅）をどんどん伸ばしていきます。飛び越えるラインの間隔を20センチずつ広げていきましょう。歩幅を広げるためには、地面からの反発力を最大限に利用して走らなければなりません。これまでのステップの動きをカラダに覚え込ませて、うまくいかないときはもう一度そのステップをやりなおすなどして走り方をマスターしましょう。

アドバイス

足はいつでも真上から真下に下ろす

マーカーの距離が広がると、飛び越えることに意識が集中してしまい、カラダの前で足を着地させてしまいがち。これでは反発力が小さくなってしまいます。足は真上から真下に下ろす感覚を忘れずに。

「川本キッズ塾」「川本ジュニア塾」での試み

川本和久コラム４

「セルフイメージトレーニング」で子どもたちの心を強くする

福島県の「『陸上王国福島』パワー・アップ事業」と題する事業の一環で、小・中学校の子どもたちに走り方を指導する塾を開いています。「川本キッズ塾」「川本ジュニア塾」というふたつの塾があり、県内の優秀な子どもたちを20～30名を選抜して、年7、8回のトレーニングを実施しています。

きっかけは、2009年に小・中・高で陸上競技を教えている教師向けに月1回4時間、コーチの講座を開いたことです。この講座を受けた教師たちを含めたメンバーと私とで、子どもたちを指導しています。「川本キッズ塾」は小学生向け、「川本ジュニア塾」は中学生向けで、それぞれ練習メニューも異なります。「川本キッズ塾」は、子どもたちが自分のカラダを自由に動かせるようになることを目的としたトレーニングが中心です。「走る」「跳ねる」「幅跳びをする」などの基本的な運動にコーディネーショントレーニングを組み入れて、子どもの運動神経を高めます。一方「川本ジュニア塾」では、「走り高跳び」「走り幅跳び」「ハードル走」「短距離走」それぞれに専門のコーチがつき、データに基づいた科学的なトレーニングを実施しています。

また「セルフイメージトレーニング」も行います。「自分は速い」と自信を持たせ、“気持ちで相手に負けない”子どもに成長してもらうのが目的です。トップアスリートを目指すなら、走る技術を身につけているだけでなく、心の強さも大切になるのです。

目標は「福島県から日の丸のユニフォームを着て、世界を舞台に戦う選手をつくること。そして、福島のがんばりを世界中の人たちにアピールすること」です。

STEP 4

「中間地点からの走り」をマスターする

スタートダッシュの加速力がなくなっていく中間地点からは、スピードを落とさないための走り方が大切。そのための練習法を紹介します。

ステップアップのポイント

「ピュン」の動きでスピードを維持する

スピードを落とさずにゴールまで走りきる

坂道から平坦な場所に向けてボールを転がすと、最初のうちは勢いよく転がっていきますが、だんだんとスピードが落ちていき、最後には止まってしまいます。短距離走も同じで、最初のうちはスタートダッシュの加速力でぐんぐんと走っていけるのですが、慣性のちからがなくなると、スピードもだんだんと落ちていきます。そのため、ゴールまでの走りでは、この減速状態をできるだけ抑えな

このステップでチェックしてあげること

フラミンゴ立ち

→ 76ページ

□ 背すじを伸ばす。

□ ひざを上げる位置を覚えさせる。

フラミンゴ歩き①

→ 78ページ

□ 上げた足は真下に下ろす。

□ 足は太ももの前の筋肉で動かす。

フラミンゴ歩き②

→ 80ページ

□ 反発力でひざを前に突き出す。

ひざぺっちん

→ 82ページ

□ ひざをカラダの前方へ振り出す。

□ 腕を勢いよく振る。

「ピュン」の走り方を身につけることで
ゴールまでスピードを落とさず走りきれるようになる！

がら走るテクニックが必要です。

このときに役立つのが「ピュン」の動きです。遠くに飛び出すことを意識しながら走る「ピュン」を身につけることで、1歩分の歩幅が広がり、最初のスピードを維持しながら走ることができるようになります。

慣性のちからがなくなると、スタートダッシュ時の前傾姿勢から、カラダが垂直の姿勢に変化してきます。「ピュン」の動作を意識して走り始めるのはこのタイミングからがベストです。ただし、姿勢の変化は走っている本人は気づきにくいので、スタートから30～40メートル付近で、「ピュン」の走り方に変えることを意識させるといいでしょう。

\ Let's try /

01 フラミンゴ立ち

「ピュン」の動きの基本となる足の動きを親子で一緒に練習。

\ かかとを持って /

1 両手でシューズのつま先とかかとを持つ

子どもに「白樺のポーズ」(26 ページ)を意識させながら、後ろから足を持つ。

CHECK!

走りへの効果

「ピュン」の動きの基本を身につける

「ピュン」は地面からの反発力で、足を素早く前に送る動作。反発力を最大限利用するために、まず足を前に送り出すための正しい「方向」を身につけます。

上げる

2 足を腰の高さに持ち上げて ひざを曲げさせる

子どもの足を支える足にそって垂直方向に
持ち上げ、ひざの上げ具合を確認させる。

注意

足を持ち上げすぎない

＼ Let's try ／

02

フラミンゴ歩き①

地面に加えた力の反発で足を前方向に突き出す動作を、歩きながら練習。

1 足を上げて ポーズをつくる

「フラミンゴ立ち」（76 ページ）のポーズをつくり、足を真下に踏み下ろす。

CHECK!

走りへの効果

弾むちからを素速く前に送る

「フラミンゴ立ち」（76ページ）で覚えた足の位置を意識しながら、今度は実際に歩いてみましょう。足を持ち上げるときに、足首にちからを込めず、太ももの前の筋肉だけを使う感覚を身につけることで、地面からの反発力を、バネのように弾ませる走り方が身につきます。

② 踏み下ろす動きと同時に片方の足を素早く前に出す

太ももの前の筋肉をつかって、
もう片方の足を素早く前に送る。

注意

支える足を曲げない

Let's try

03 フラミンゴ歩き②

地面に踏み込んだときに生まれる反発力を弾むような感覚で受け止める。

\ 強く踏んで /

1 持ち上げた足で地面を強く押す

「フラミンゴ歩き①」（78 ページ）のポーズから、持ち上げた足で地面を強く踏み込む。

CHECK!

走りへの効果

地面からの反発で飛ぶように前へ！

地面を押したときの反発力を最大限に利用するには、後ろ足のひざが前足を追い越すときのタイミングが肝心。勢いよく足で地面を押し、その反発力で前に跳ぶ感覚を身につけることで、実際の走りにも役立たせます。

＼前にピュン！／

② 反発力をつかって ひざを前に突き出す

地面を押して得られた反発力を使って、
跳ね上がるような感覚で前に飛ぶ。

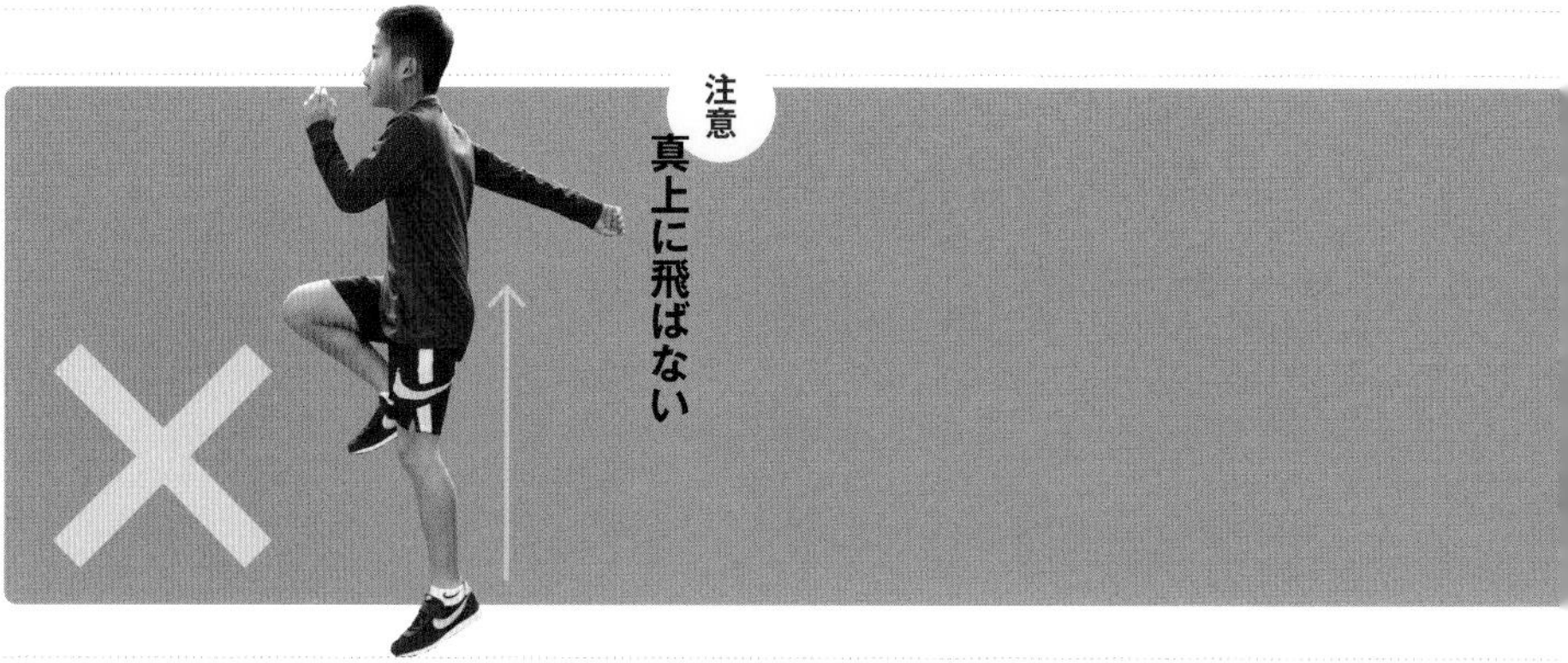

\ Let's try /

04

ひざぺっちん

ひざをカラダの前方向に振り出して、歩幅を広げるための練習法。

\ 手に向かって /

1 ひざの前に手のひらを向ける

子どもをまっすぐに立たせ、ひざから 30 センチほど手前に手のひらを向ける。

\ ぺっちん /

2 出したひざを手のひらで受け止める

「フラミンゴ歩き①」(78 ページ)の要領で、ひざを前に出させて、手のひらで受け止める。

CHECK!

注意

手のひらの位置を上げすぎない

\ 遠いところから… /

3 距離を広げてチャレンジさせる

慣れてきたら、手とひざの距離を 40 センチ、50 センチと少しずつ広げてチャレンジさせていく。

アドバイス

立ち幅跳びの練習で前に振る感覚をつかむ

立ち幅跳びで、より遠くまで跳ぼうとすると、腕は「上」よりも「前」に振ったほうが効果的。足の振り方も同じように「上」ではなく、「前」に振ることを意識しましょう。

COLUMN

雨の日、寒い日、暑い日の練習で注意すべきこと

川本和久コラム5

水分補給を忘れず、こまめに着替えをする

天気の悪い日には外で運動しないに限りますが、陸上の選手だったり、大会のスケジュール上どうしても休めなかったり、といった場合もあるでしょう。そうしたときに注意しておきたいことをお話しします。

まず、雨の日は、服装と水分補給に注意しましょう。雨で体温を下げないためにウインドブレーカーなどの雨具を着込むことになると思いますが、厚着になるので、普段よりも汗をかきやすい状態になります。練習中は水分補給を忘れないようにしてください。

次に寒い日の注意点ですが、寒い日はカラダの筋肉も冷えているので、いきなり走り始めるとカラダがうまく動かず、ケガの原因になります。ウォーミングアップなどで、筋肉を温めてから本格的な練習を始めるようにしましょう。また、練習後に汗にぬれたままの服をいつまでも着ているとカラダを冷やす原因になります。あらかじめ着替えの準備をして、練習が終わったら着替えるようにしましょう。

暑い日の練習で注意したいのは熱中症です。日中の暑い時間帯に外で練習するのは避けるべきですが、クラブ活動などで、どうしても練習しなければならない日もあるでしょう。そんな日は、こまめに水分をとることはもちろんですが、スポーツドリンクなどでミネラル（塩分）の補給も忘れないようにしてください。また、白い服を着る、帽子をかぶるなど、直射日光を避ける工夫をしながら、通気性のよい服装を心がけるようにしましょう。

コーチ役の大人の方は、練習する子どもの様子を見守り、調子が悪そうならすぐに休ませるなど、無理はさせないようにしてください。

STEP
5

「運動オンチ」克服！ コーディネーション トレーニング

運動神経の発達を促すコーディネーショントレーニングを紹介。「運動オンチ」を気にしている子は、このステップで克服しましょう。

ステップアップのポイント

「運動神経」を楽しみながら伸ばす

コーディネーション能力で運動オンチを克服する

スポーツのうまい子を見て「あの子は運動神経がいい」と言いますが、具体的に「運動神経」とはどの部分を言うのでしょうか。それは「コーディネーション能力」という言葉で説明ができます。

コーディネーション能力とは、目で見たり耳で聞いたりといった五感情報を脳で処理し、神経を伝って筋肉を動かすという一連の動きを、瞬時に適切に行える能力のこと。「バランス」「リズム」「識

定位能力

物や人などと自分との位置関係を把握する能力。

バランス能力

転びそうになった体勢からでもバランスを保つ能力。

リズム能力

音や動作とのタイミングなどを合わせる能力。

連結能力

関節や筋肉など、カラダ全体を思い通りに、スムーズに動かせる能力。

反応能力

合図などに反応して、素早くカラダを動かす能力。

識別能力

手や足、道具などを、目で見てあつかったり、操作したりする能力。

変換能力

状況の変化に合わせて動作を素早く切り替える能力。

運動神経を伸ばして、スポーツの得意な子どもになる！

別」などの7つの能力に分類されるこれらは、トレーニングで伸ばすことが可能。つまり「運動神経」はきたえることができるのです。

とくに幼児から小学生の間は、神経系の発達が著しいゴールデンエイジと呼ばれる時期。12歳くらいまでで神経系が完成してしまうので、この時期に運動神経の発達を促すコーディネーショントレーニングはとても効果があると考えられているのです。

子どもの運動オンチを「親の遺伝」と考えるのは大きな間違い。運動神経は「経験」により、どんどん磨かれていく脳の回路です。「運動がニガテ」と感じている子は、このトレーニングで楽しみながら苦手意識を克服しましょう。

Training

01

Level ★★★

ポーンポーン振り子

両腕を前後にぶらぶらさせながらスキップするトレーニング。

最初は軽くスキップをしてみましょう。慣れてきたら、スキップのリズムに合わせて両腕を振り子のように前後に動かします。腕は大きく振り、小刻みにならないように注意してください。

＼スキップしながら／

1 スキップをしながら

＼ポーン／

2 足の動きに合わせて両腕を後ろに振る

基本の足の動き

スキップ

☑ 腕振りに弾みをつける

スキップのリズムに乗せて大きく振る。

❷～❹をくりかえす

④ 振り子のように後ろ側へ

③ 勢いに乗せて大きく前に振る

Training

02

Level
★★★

ぐるぐる大車輪

車輪のように両腕をぐるぐると回転させながらスキップ。

「ポーンポーン振り子」（88ページ）に慣れてきたら、今度は両腕を回転させながらスキップする動きにチャレンジ。前回転ができるようになったら、後ろ側に回転させる動きもやってみましょう。

＼せーの／

前回転

1 スキップの勢いで手を前に振り出す

後ろ回転

1 前回転とは逆の方向に腕を振る

基本の足の動き

スキップ

☑ **両腕を大きく回す**

ひじを伸ばして大きなスイングを心がける。

② 背中を反らせるようにして大きく後ろへ

③ 両腕を頭の上から、前に一回転させる

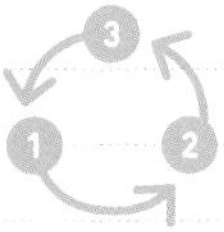

①〜③をくりかえす

② 下から頭の上に両手をあげる

③ 勢いで両腕をぐるっと一回転

①〜③をくりかえす

☑ **リズミカルに動く**

スキップの弾むリズムに合わせると腕を振りやすい。

Training

03

[Level ★★★]

ばたばたクロール

左右の腕を交互に動かしながらスキップする中級トレーニング。

水泳のクロールとスキップを組み合わせた動きです。両腕を交互に動かす、頭の上で一時的に止めるなど、リズムや連結のコーディネーション能力を伸ばすのにおすすめのトレーニングです。

1 両手を頭の上で構える

2 片方の腕を前から後ろへ１回転させる

基本の足の動き

スキップ

☑ **両手は頭の上でいったんストップ**

腕を１回転させた後は、頭の上でいったん止めてから、反対側の腕を回す。

＼右手でクロール／

❸ 頭の上に戻ってきたら、今度は反対側の腕を１回転させる

❶〜❸を
くりかえす

Training

04

Level ★★★

パンチング

前と左右、交互に腕を突き出すのが難しい中級トレーニング。

両腕を前に突き出したり、左右に開いたりしながらスキップするトレーニング。重心のバランスが崩れないように、リズミカルにスキップしながら腕を動かすのがポイントです。

＼スキップしながら／

1 肩を丸めて両手の甲をくっつける

＼前にパンチ／

2 両手を握り締め前に突き出す

基本の足の動き

スキップ

＼戻して／

③ 手順１のポーズに戻す

＼開いてパンチ／

☑ 両腕は大きく開く

ひじを伸ばしてしっかりと広げる。

④ 今度は両腕を左右にぱっと開く

❶〜❹をくりかえす

Training

05

Level ★★★

3点タッチ

スキップのリズムに合わせて、両手で3点をタッチする高難易度トレーニング。

スキップに乗せて、頭の上、背中、ももの裏を両手で順番にタッチしていく動き。リズム、バランスに加えて、両手の位置を把握して合わせる定位のコーディネーション能力などを伸ばします。

1 スキップの動きに合わせて頭の上で両手をタッチ

基本の足の動き

スキップ

3 足を高く上げながら、ももの裏でタッチ

2 両手を背中に持ってきてタッチ

☑ バランスに注意

足を高く上げるとき、リズムが乱れるので注意する。

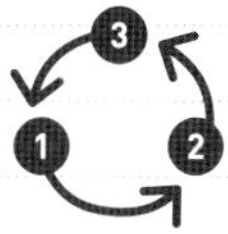

❶～❸をくりかえす

Training

06

Level ★★☆

足じゃんけん

ジャンプの弾むリズムに乗せて、3種類のポーズをつくる。

ジャンプをしながら着地のタイミングで、両足を閉じる→たてに開く→左右に開く、を繰り返します。ポンポンポンと、つま先でジャンプしながら素早く足を入れ替える動きで、リズム感をきたえます。

＼グー／

1 1度目のジャンプで、両足を閉じて着地

＼チョキ／

2 2度目のジャンプで、足をたてに開いて着地

基本の足の動き

ジャンプ

＼パー／

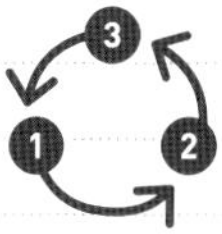

❶〜❸を
くりかえす

✓ テンポよく ジャンプ

つま先でジャンプしながら
テンポよくくりかえす。

❸ 3度目のジャンプで、足を左右に開いて着地する

Training

07

Level ★☆☆

チョッキンはさみ

両足でグー、チョキ、パーの動きをしながら、両腕を閉じたり開いたりする動き。

「足じゃんけん」（98 ページ）に慣れてきたら、今度は手の動きを加えてみましょう。グー、チョキ、パーの足の動きに合わせて、両手を、頭の上→肩→腰の高さの順番で、リズミカルに上下させます。

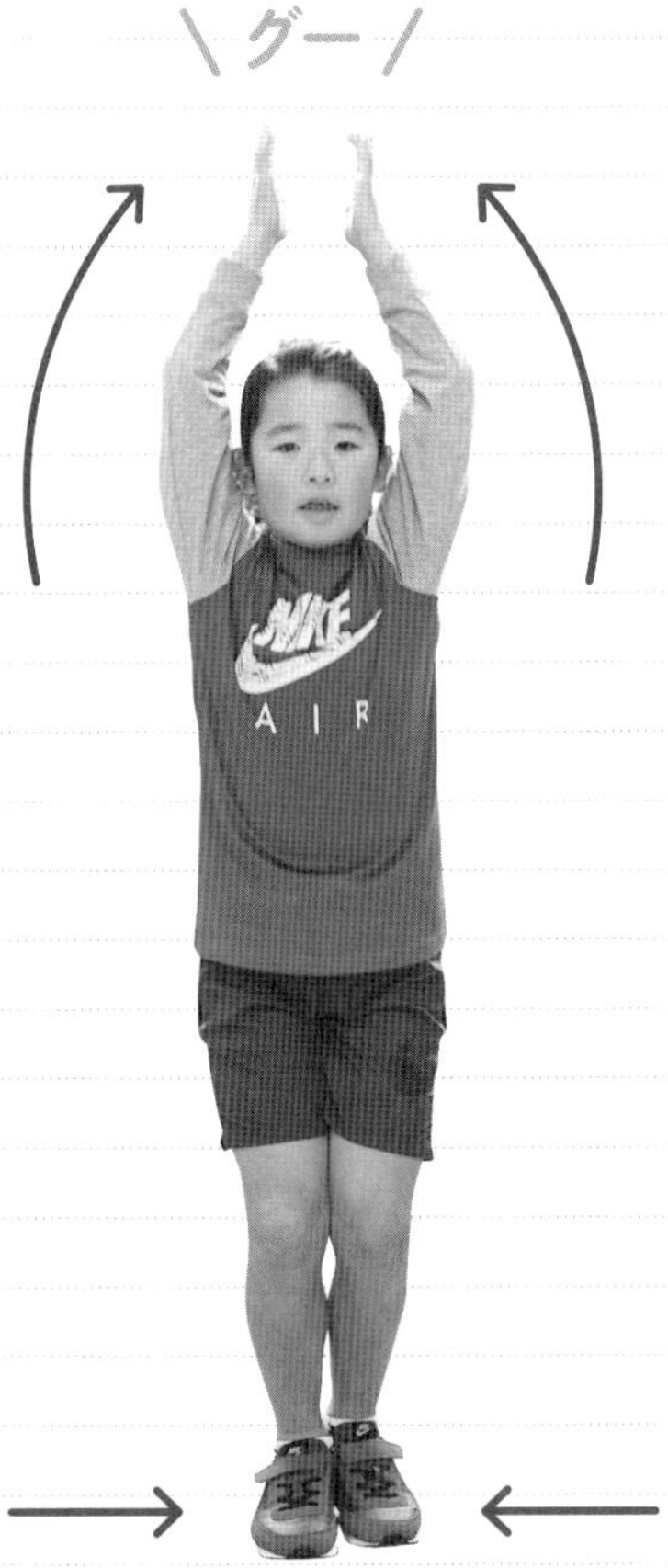

1 両足を閉じて、両腕を上げる

基本の足の動き

ジャンプ

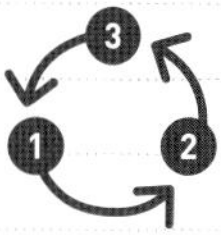

❶〜❸を
くりかえす

✓ 両腕はピシッと開く
両腕はひじを伸ばして
左右に開く。

＼パー／

❸ **両足を左右に開いて、両腕は腰の位置へ**

＼チョキ／

❷ **両足をたてに開いて、両腕は肩の高さで左右に開く**

Training 08

Level ★★★

アームアクション

3種類の足の動きと、4種類の腕の動きをくりかえす高難度トレーニング。

「足じゃんけん」（98ページ）をしながら、両腕を頭の上→左右→前→腰の4パターンのポーズをくりかえします。両足と両腕のポーズは、ジャンプするごとに1つずつずれていくので、動きを記憶する能力も大切になります。

1 バンザイのポーズ

2 左右にパッとひらく

1 両足を閉じてグー

2 たてに開いてチョキ

基本の足の動き

ジャンプ

☑ ずれていく動きを覚える

両腕両足の動きがひとつずつずれていくので、頭で覚えながらからだを動かす。

腕の動き

❹ 腰の位置に降ろす

❸ 前に突き出す

腕の動き

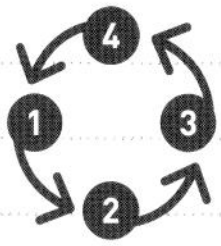

❶～❹を
くりかえす

足の動き

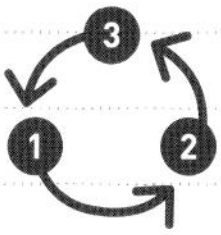

❶～❸を
くりかえす

❶ 再び両足を閉じてグー

❸ 左右に開いてパー

足の動き

☑ 次の動きは

次の動きは、両腕がバンザイ、両足がチョキの組み合わせ。

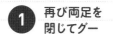

Training

09

Level ★☆☆

にんじゃジャンプ

パートナーの足を踏まないように、左右にテンポよく飛び越える。

パートナーが床に座り、足を伸ばします。その足を左右交互に飛び越えさせます。ポンポンポンとテンポよく飛び越えられるようになったら合格。パートナーはジャンプを数えて応援してあげましょう。

＼構えて／

＼ジャンプ／

1 **パートナーは床に座って両足を伸ばす**

基本の足の動き

ジャンプ

\すぐ反対にジャンプ/

☑ 左右1拍でリズミカルに飛び越える

右→左→右と続けてジャンプする。

❷ パートナーの足を踏まないように反対側にジャンプ

❸ 再び元の位置に向かってジャンプ

❷〜❸をくりかえす
10往復

Training

10

Level ☆☆☆

アルプスステップ

親子で向かい合い、ジャンプのステップに乗せて両手でお遊戯。

親子で向かい合い、ジャンプで足を閉じたり、左右に開いたりを繰り返しながら、手を使って「アルプス一万尺」をします。ジャンプのリズム、定位、バランス、反応など複数のコーディネーション能力を同時にきたえます。

＼アール／

1

＼いちまん／

3

基本の足の動き

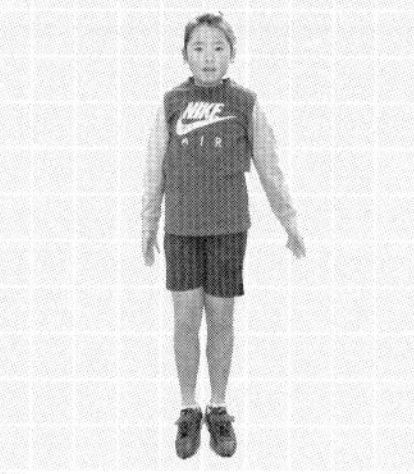

ジャンプ

相手とタイミングを合わせる

一緒に歌を歌いながらカラダを動かすとタイミングを合わせやすい。

＼プ ー ス／

2

＼じゃーく／

4

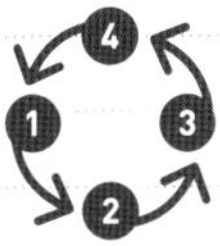

❶〜❹をくりかえす

COLUMN

子どもにケガをさせないために

川本和久コラム6

シューズを正しく選んで練習のやりすぎに注意する

運動会で勝たせてあげたいと思うあまり、練習に熱が入ってしまい、お子さんの健康管理がおろそかになってしまわないように注意しましょう。

まず、練習中に履くシューズをチェック。シューズは底の厚いものを選ぶようにしてください。長距離走で使われるような底の薄いシューズは、走るときにかかとへの負担が大きくなり、アキレス腱を痛める原因となるのでＮＧです。サイズは、足の指が動かせるくらいがベスト。つま先を使って走るときは、足の指にちからを入れるので、指が動かせると自分の思った位置にちからを入れやすくなります。

練習中は、お子さんがケガをしたり、「痛い」と言ったりしたらすぐにやめさせること。たとえば「オスグッド・シュラッター」という足の筋肉の疲労などから、ひざの関節痛を引き起こす病気がありますが、これはがまんしていると重症化して簡単に治らなくなる危険性があります。児童期に走る、跳ぶ、蹴る、などの運動を激しく行うと起こりやすいといわれています。

児童期には、一定の運動で骨に刺激を与えることは発育によいといわれています。大切なのは、ケガや病気を恐れて運動をやらせないことではなく、「やりすぎないようにする」ことです。

もし、お子さんの様子を見ていて、異変を感じたときは病院で診断してもらうようにしましょう。

STEP 6

子どもの「心を育てる」Q&A

「ポン・ピュン走法」で身につけられるのは「速く走る」ことだけではありません。親子のコミュニケーションを通じて、子どもの心も育ちます。

QUESTION

1

どうしてスポーツが子どもの心を育てるの？

「スポーツは子どもの心を育てる」と言われるのはなぜでしょうか。

それは「勝ち負けがあるから」と言えるのではないかと思います。「勝敗がはっきりしてしまうと、負けたときに子どもが傷つくのがかわいそう、だからスポーツはやらせたくない」と考えてしまう人もいるかもしれません。とくに陸上競技は、タイムがすべてなので、コンマ一秒の差で負けてしまうことも少なくありません。ある意味で残酷なスポーツと言えるでしょう。ですが、勝敗がはっきりしているということは、**その結果を通して自分の強みや弱みが見えてくる**、ということでもあります。

もし、勝負に負けてくやしい気持ちになったとしても、その中から自分が次に乗り越えるべき課題を見つけ、前向きにがんばろうとする気持ちが強まれば、それは自然とその子どもの「自立心」を育ませていくことにつながります。自立心が育てば、「〇〇のせいで負けた」などと勝負の結果を誰かのせいにすることもなくなり、自分が乗り越えるべき問題として取り組めるようになるでしょう。

そこには大人の見守りが欠かせません。努力している子どもには「**他の誰も見ていなくても自分だけは見守っているよ**」というメッセージを送ってあげてください。親に見守られているという安心感の中で努力した結果、得られる成功や失敗は、その子の大きな自信を育むはずです。

ANSWER
▼

「勝敗」が自立心と将来への自信を育む。

QUESTION 2

練習したがらない子どもに練習させるには?

「選手のやる気を起こさせる」というのはコーチとしての資質が試される部分であり、プロのアスリートを指導する立場の人間にとってもなかなかの難問です。

人の行動パターンは単純に言うと「好きなことはやる、嫌いなことはやらない」。これだけです。好きなことは「面白いこと」と言い換えてもよいでしょう。練習をしたがらないのは、練習に面白味を感じていないからとも言えるので、興味や関心を持たせてあげる工夫が必要です。

シンプルな方法としては「ごほうび」をあげることです。それは「練習をしたらオモチャを買ってあげる」というモノで釣るような方法である必要はなく、たとえば練習が終わった後で、お母さんが喜びながらギュッと抱きしめてあげるだけでもいいと思います。自分の行いが「**他者に喜んでもらえ、自分にとってもプラスになる**」ことがわかると、大人だろうと子どもだろうと、そのためにがんばれるようになるのです。

もうひとつの方法は、陸上競技の番組を見せたり、競技場に連れて行ったりして実際の競技を観戦させることです。そのときに「かっこいいね」「素敵だね」など、自分の感じたことを素直に伝えてあげてください。こうした親の言葉によって、**かけっこや練習に対する「価値観」を高めてあげる**と、子どもの中で自発的に練習しようという気持ちにつながっていくのです。

ANSWER
▼

スポーツへの「価値観」を高めてあげる。

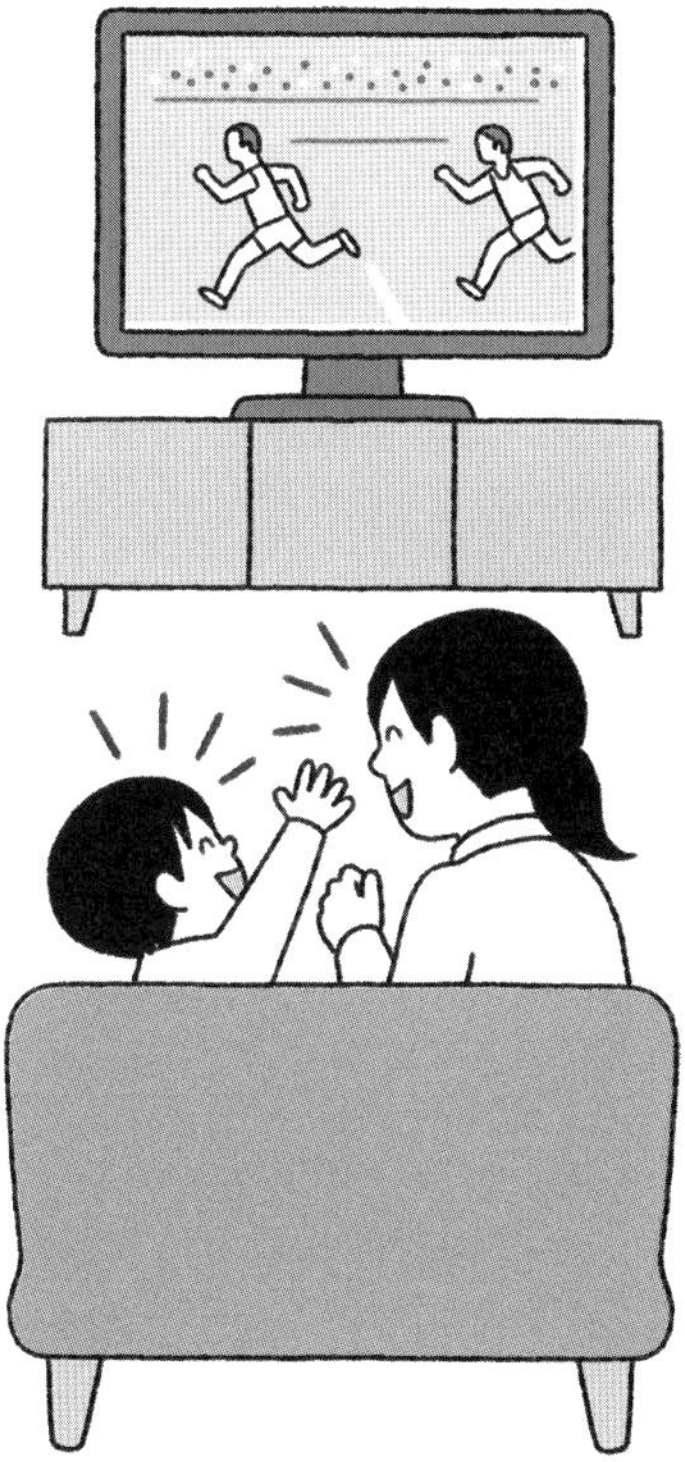

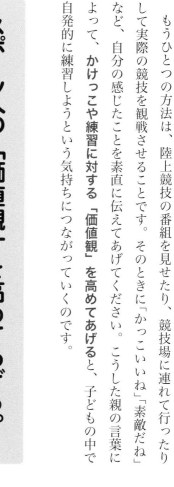

QUESTION

3

「できない」といじけてしまったときは？

クエスチョン2にあったような「練習が楽しくないのでやりたくない」とは違い、「うまくできない」という理由でやりたがらない場合もあるでしょう。タイムが伸びない、いいフォームで走れないなど、イメージ通りにできない自分に腹を立てて、いじけてしまうこともあると思います。そんなときは、子どものそばに寄り添って「ここであきらめるのはもったいないよ」「あなたのがんばっているところが好きだから、もう少しがんばってみよう」とやさしく応援してあげましょう。運動することにニガテ意識を感じている子どもが練習しているときならなおさらです。

スポーツの場合、**越えられない壁を乗り越えようとするなら、結局練習するしか方法はありません。**そのためには「できないことはやりたくない」という自分の気持ちに打ち克つ必要があります。かけっこや運動にニガテ意識があるにも関わらず、がんばって練習している子は、それだけでも素晴らしい成長を遂げているのだと思って褒めてあげましょう。その上で、現状と目標との差がどれくらいあるのか、**目標を達成するには、どんなプロセスが必要なのか**を考えます。

今の自分に対して目標が高すぎるようなら、少しの努力でクリアできそうな小さな目標から設定して、段階的に大きな目標に向かわせていくようにしましょう。

ANSWER

▼

目標までのプロセスを考える。

QUESTION

4

大会が終わった後でどんなアドバイスをしたらいい？

運動会で勝ったとしても負けたとしても、まず大人がすべきことは、**子どものがんばりに対する賞賛**です。「勝ち負けよりもがんばってくれたことがうれしい」という気持ちを伝えてあげましょう。遊びたい時間を削って練習したとか、普段やらない腕立て伏せを毎日やったとか、今までとは違った努力を少しでもしたことに対して「それは素晴らしいことなんだ」と大人がしっかりと言ってあげることが大切です。

その後で、勝った子どもには「今度は○○に挑戦してみよう」と新しい目標を与えてあげるといいでしょう。勝利は子どもに自信を与え、努力の大切さを実感させるいい機会にもなります。

負けた子どもに対しては、そのくやしさをバネにがんばらせようとするのではなく、今日までの努力を褒めてあげた上で「次は○○をがんばってみよう」とポジティブに目標を設定してあげてください。

競技を通して子どもに伝えなければならない最も大切なことは、**成果の評価ではなく、「努力の素晴らしさ」**です。

努力することが楽しいと思わせられたら、努力を怠らない子どもに成長していきます。

その考え方は将来、大人になっても、その子の人生を支える大きな財産になるはずです。

ANSWER
▼

「努力することの素晴らしさ」を伝える。

QUESTION

5

子どもに教える上で注意したいことは？

ダメ出しはしないことです。子どもですから、当然上手にできないことはあるわけですが、それに対して「あれはダメ」「これはダメ」と否定的な言葉を投げかけると、ダメ出しをされた部分だけに意識が向かってしまい、よかった部分までダメになってしまいます。まずは、上手にできたところを褒めてあげましょう。練習を重ねていけば、よいところはどんどん増えていくので、増えた分だけまた褒めてあげてください。そのうちに、**ダメだった部分は少しずつ改善されていくし、気持ちもポジティブになっていきます**。

「ポン・ピュン走法」の練習では、最初はリズムや重心の置き方、タイミングなどに注意して指導してあげましょう。フォームを細かく指導するより、ちからの強弱を中心に伝えてあげたほうが、理解されやすいと思います。

そのときは**「オノマトペ」を意識してみてください**。「オノマトペ」とは、擬音語・擬声語・擬態語の総称です。「ポン・ピュン走法」の「ポン」と「ピュン」もオノマトペの一種です。言葉で細かく説明するより「そのひざの曲がり方〝グニャ〟ってなってるよ」など、感覚的に伝えたほうが、子どもにとってしっくりくる場合が多いのです。

もうひとつ注意したいことは、子どもがケガをしたり「痛い」と言ったら、すぐに練習をやめさせること。無理はさせないようにしてください。ケガの予防として、準備運動や整理運動をさせましょう。

ANSWER
▼

否定的な言葉は使わない。

COLUMN

可能性を信じる気持ちを忘れない

川本和久コラム7

「絶対変わる」という確信に向かわせていく

子どもたちに教えるときに、私が一番大切にしているのは「ひとりひとりの可能性を信じる」ことです。

子どもたちは可能性の塊です。“もしかしたら、この中から将来の金メダリストが生まれるかもしれない”。そんな気持ちで子どもたちを指導していくと、彼らも期待に応えて努力します。陸上競技の指導者として選手と向かい合うとき、いつも肝に銘じているのは、彼らに「自分の可能性を信じさせ、夢に向かって努力する気持ちを抱かせていくこと」です。子どもたちに自分の可能性を信じさせることはそれほど難しくないのですが、高校生くらいになると、ひとりひとりがなにかしら挫折経験を抱えていたりするので「努力してもどうせ変わらない、無駄だろう」と思っていたりします。この気持ちを「絶対変わるんだ」と確信に向かわせていくことが指導者の役割なのです。

たとえば、100mで日本新記録を出した雉子波《きじなみ》（現・二瓶《にへい》）秀子《ひでこ》（写真左）は高校の陸上部時代は全国大会に出場していません。そんな彼女が日本記録保持者になれるまで成長しました。同じように高校時代の入賞実績がない吉《よし》田《だ》真《ま》希《き》子《こ》（写真右）は日本記録を9回も更新する選手に育ちました。指導者がコーチする相手の可能性を信じ、相手もまた自分の可能性を信じる。このコーチと選手の理想的な関係が築けたとき、新記録は自ずと生まれてくるのではないか。そう思っています。

特別
収録

運動会までの「3週間プログラム」

じっくりと「ポン・ピュン走法」が練習できる３週間プログラムを作成しました。計画に沿って、しっかりと練習して大会に備えましょう。

3週間プログラムで テクニックを身につける

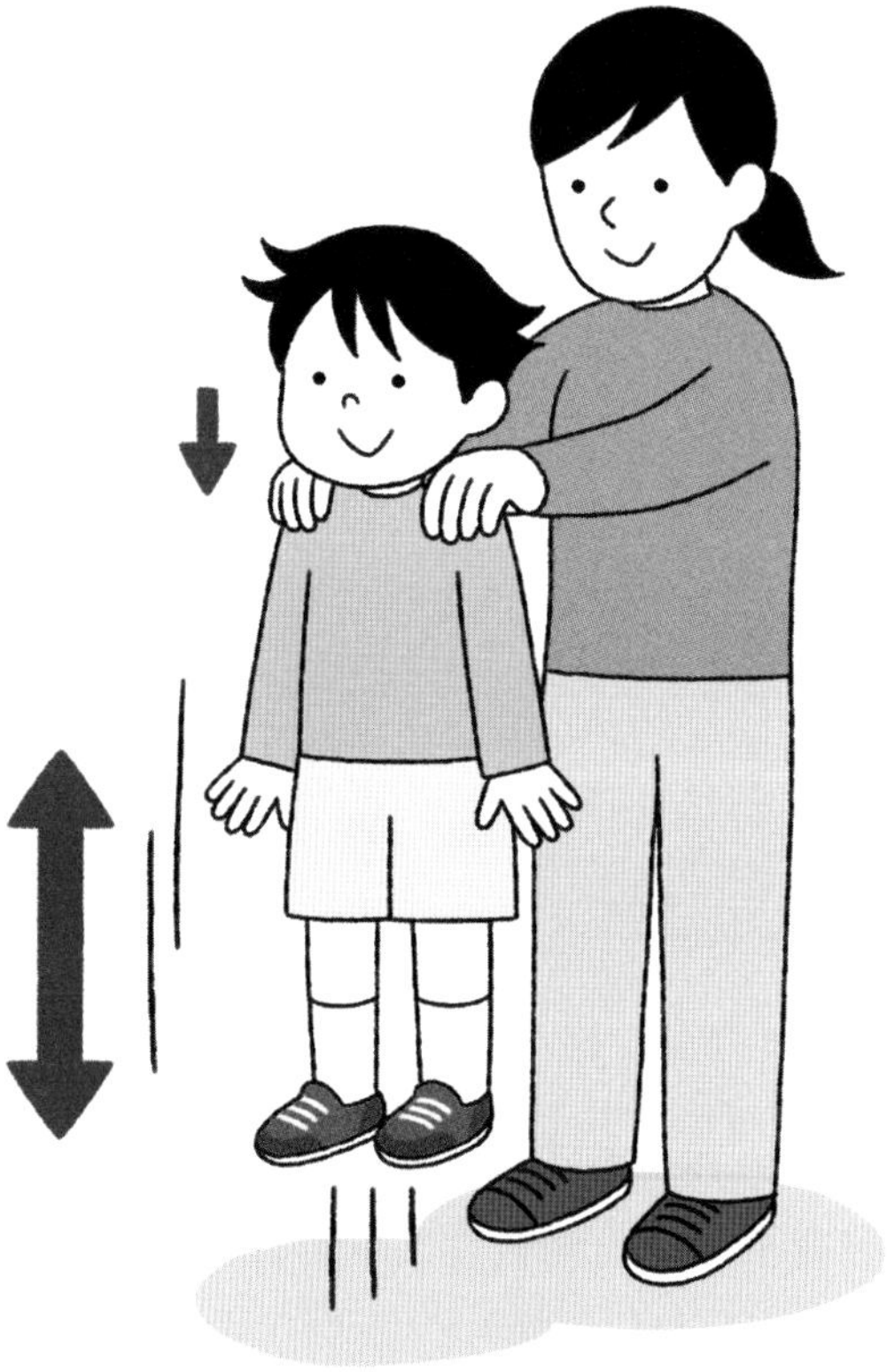

ひとつひとつのテクニックを しっかりと身につける練習法

「ポン・ピュン走法」の練習はつらいものではありません。親子で楽しみながら身につけていってほしいと思います。とは言え「練習を全部こなせるか自信がない」という、運動を苦手に感じている子もいるでしょう。

　もし、不安を感じているなら、大会までの練習スケジュールをつくってみてはいかがでしょうか。スケジュールに合わせて練習を段階的に行うことで「ポン・ピュン

運動会 3 週間前

3週間前は、かけっこの基本となる動きを身につける時期。「ポン・ピュン走法」をマスターするために必要なフォームづくりの土台となる部分を、自分の中に築き上げます。「白樺のポーズ」など、かけっこに必要な基本姿勢を身につけていきます。

運動会 2 週間前

1週間でかけっこの基本を身につけたら、今度は実際の走りに近い練習を中心にメニューを組んでいきます。「リバウンドジャンプ」や「フラミンゴ歩き」などを通して、地面からの反発力をかけっこに活かす「ポン」「ピュン」の動きを中心にマスターしていきます。

運動会 1 週間前

1週間を切ったら、いよいよ運動会のグラウンドで走ることを想定した練習に移行します。理想的なスタートが切れるか、中盤もスピードを落とさず走れるかなど、基本の動きにも立ち返りながら、自分が全力を出しきれる走り方をもう一度チェックします。

走法」のマスターに必要なひとつひとつのテクニックをじっくりと身につけていくことができるようになります。

　スケジュールの組み方としては、区切りよく1週間ごとに身につけるべきテーマを設定し、それに合わせた練習方法を選択していくのがおすすめです。

　上記に運動会の3週間前から練習を始めたときの、1週間ごとに身につけるべき練習テーマを紹介しました。テーマ設定は自由ですので、参考にしてみてください。

　スポーツはやはり日々の積み重ねで進歩、上達していくものです。3週間という期間でじっくりと楽しく練習しながら、運動会に挑みましょう。

1週間ごとの練習メニューをつくる

子どもの様子を見ながら楽しく練習させる

次に1週間ごとの練習メニューを組んでみましょう。123ページで設定したテーマに合わせてメニューを作成します。運動会の3週間前は基本の動きを身につけることを目標とし、2週間前からは実際に走ることを想定した動きを学びます。大会1週間前では、レースの要となるスタートダッシュを身につけるなどして、「ポン・ピュン走法」のフォームを完成させていきます。1週間の最後には

1週間ごとのおすすめメニュー

3週間前からの練習メニュー

- 01 白樺のポーズ ↓ 26ページ
- 02 ポンポン・ジョギング ↓ 28ページ
- 03 空き缶つぶし① ↓ 50ページ
- 04 空き缶つぶし② ↓ 52ページ
- 05 空き缶つぶし③ ↓ 54ページ
- 06 腕振りテクニック① ↓ 56ページ
- 07 腕振りテクニック② ↓ 58ページ

2週間前からの練習メニュー

- 08 リバウンドジャンプ① ↓ 60ページ
- 09 リバウンドジャンプ② ↓ 62ページ
- 10 リバウンドジャンプ③ ↓ 64ページ
- 11 カルガモ走り ↓ 66ページ
- 12 ポン・ポン走法① ↓ 68ページ
- 13 フラミンゴ立ち ↓ 76ページ
- 14 フラミンゴ歩き① ↓ 78ページ
- 15 フラミンゴ歩き② ↓ 80ページ
- 16 ひざぺっちん ↓ 82ページ

1週間前からの練習メニュー

- 17 白樺のポーズ ↓ 26ページ
- 18 ポンポン・ジョギング ↓ 28ページ
- 19 ポン・ポン走法② ↓ 70ページ
- 20 「よーい」の構え ↓ 34、40ページ
- 21 「ドン！」からのダッシュ ↓ 36、42ページ
- 22 スタートダッシュからのグイグイ走り ↓ 38ページ
- 23 「ポン・ピュン走法」で走ってみる ↓ 20ページ

※コーディネーショントレーニング（88～106ページ）は、基本の動きがスキップのものとジャンプのものを難易度の低いものからひとつずつ選び、練習の前後に行う。慣れてきたら難易度を上げていく。

タイムを測ったり、6歩ダッシュ（44ページ）を行ったりして、成果を確認します。

練習が長時間に及ぶ場合は、大人が強制するのではなく、常に子どもの意欲を見ながら、続けるかどうかを判断してください。大切なのは「楽しみながら練習すること」です。「つらい練習」になってしまうと、せっかくのプログラムも続かなくなってしまいます。

反対に本人に意欲があっても、カラダ（特に足やひざ）に痛みを訴えていたり、調子が悪そうだったりした場合は、無理をさせず、休ませてあげましょう。

子どもの体調をチェックしながら、適切な練習方法を用意してあげてください。

大会までの記録ノートをつくる

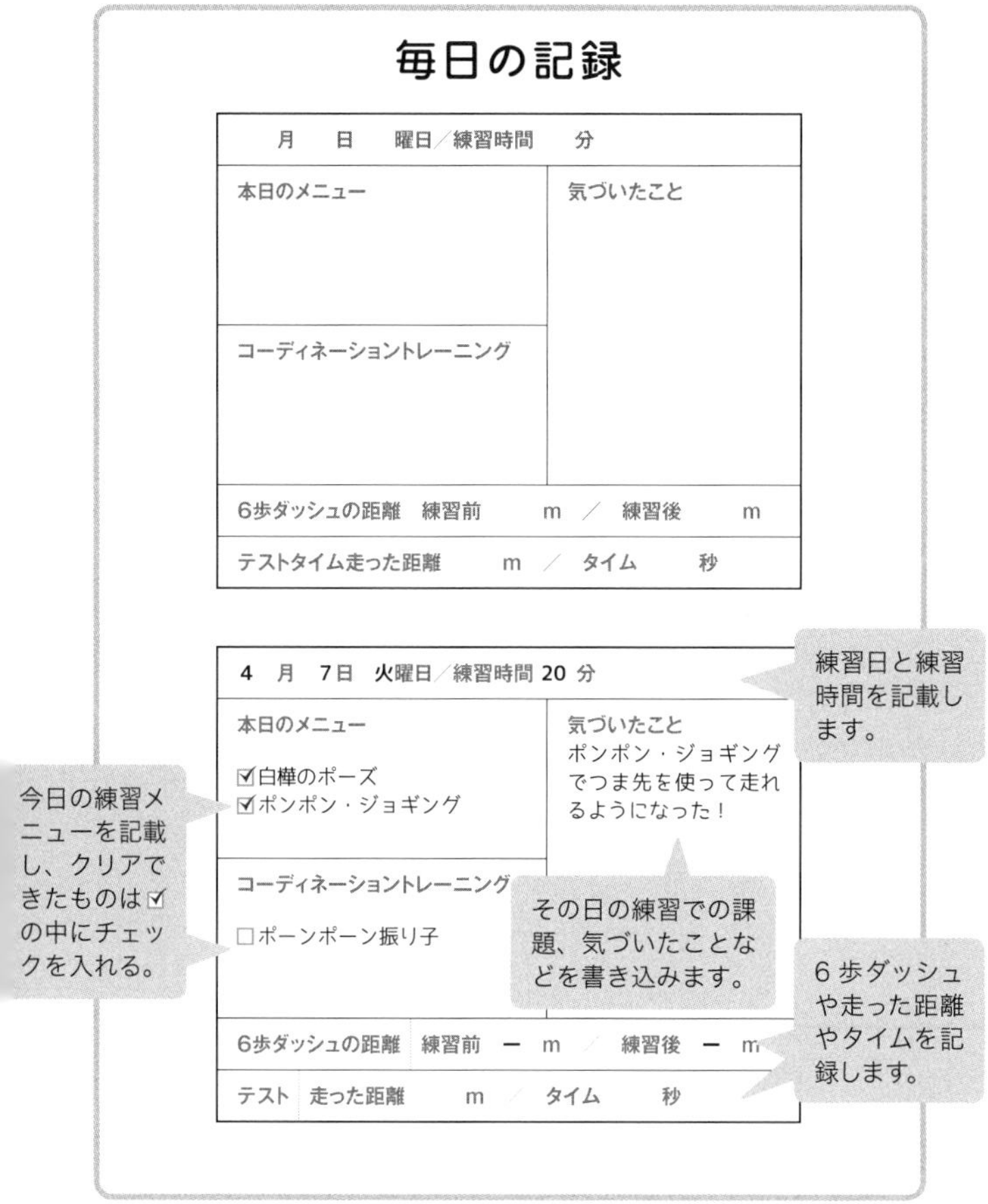
毎日の記録
月　日　曜日／練習時間　分
本日のメニュー
気づいたこと
コーディネーショントレーニング
6歩ダッシュの距離　練習前　m ／ 練習後　m
テストタイム走った距離　m ／ タイム　秒
4　月　7日　火曜日／練習時間 20 分
本日のメニュー
☑白樺のポーズ
☑ポンポン・ジョギング
気づいたこと
ポンポン・ジョギングでつま先を使って走れるようになった！
コーディネーショントレーニング
□ポーンポーン振り子
6歩ダッシュの距離　練習前　ー　m ／ 練習後　ー　m
テスト　走った距離　m ／ タイム　秒
練習日と練習時間を記載します。
今日の練習メニューを記載し、クリアできたものは☑の中にチェックを入れる。
その日の練習での課題、気づいたことなどを書き込みます。
6 歩ダッシュや走った距離やタイムを記録します。

練習内容を振り返って成長度をチェックする

記録ノートをつけることで、子どもの練習内容を後で振り返ることができます。たとえば、練習を継続的に行い、運動会とスポーツテスト前の記録を比較して、子どもの成長を楽しみながら確認することができます。

詳細に書き込むための「毎日の記録」と1週間単位で確認するための「1週間の記録」があります。ノートや手帳などでぜひ試してみてください。

1週間の記録

計画	月/日	練習メニュー
メニュー01〜07までを覚える		6歩ダッシュの結果 練習前 6 m 練習後 7.5 m
		6歩ダッシュの結果 練習前 m 練習後 m
		6歩ダッシュの結果 練習前 m 練習後 m
		6歩ダッシュの結果 練習前 m 練習後 m
		6歩ダッシュの結果 練習前 m 練習後 m
お休み		
テスト		6歩ダッシュの結果 練習前 m 練習後 m
今週のテスト		走った距離 m タイム 秒
メモ		

練習前後の6歩ダッシュの距離を記載します。

1週間の計画表を書いてみましょう。

1週間に1度、走ったタイムを記録します。

1週間の練習で気づいたことを書き込みます。

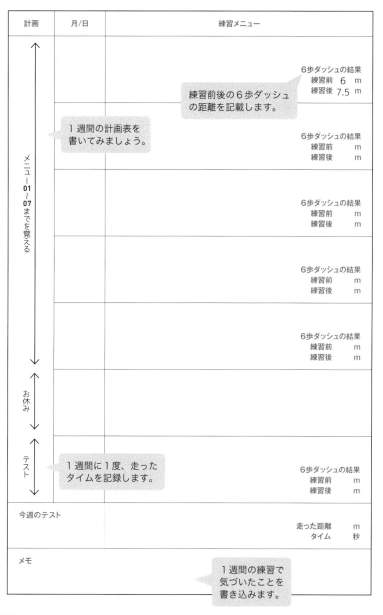

監修者略歴

川本和久 （かわもと・かずひさ）

福島大学陸上競技部監督。福島大学人間発達文化学類教授。1957年、佐賀県生まれ。筑波大学で陸上選手として活躍後、同大学院でコーチ学を専攻。その後、小学校教師などを経て'84年に福島大学教育学部に助手として勤務し、陸上部監督に就任。'91年に文部省（当時）の在外研究員としてカナダと米国に留学。オリンピックで3大会連続金メダルを獲得したカール・ルイスのコーチ、トム・テレツに学ぶ。走り幅跳びの日本記録保持者である井村（旧姓・池田）久美子選手、400メートル走の日本記録保持者である千葉（旧姓・丹野）麻美選手など、名選手を多数育て上げている。著書に『2時間で足が速くなる！』（ダイヤモンド社）ほか。2022年逝去。

撮影協力　二瓶秀子
撮影　蔦野裕
イラスト　和久田容代
デザイン　肱元礼（Lilac）
企画・編集　滝本茂浩（ケイ・ライターズクラブ）

本書の内容に関するお問い合わせは、お手紙かメール（jitsuyou@kawade.co.jp）にて承ります。恐縮ですが、お電話でのお問い合わせはご遠慮くださいますようお願いいたします。

本書は2015年3月に刊行した同タイトルの書籍の新装版です。

運動がニガテな親でも簡単に教えられる

運動会までにどんどん子どもの足が速くなる！

2015年3月30日初版発行
2024年5月20日新装版初版印刷
2024年5月30日新装版初版発行

監修者　川本和久
発行者　小野寺優
発行所　株式会社河出書房新社
〒162-8544　東京都新宿区東五軒町2-13
電話　03-3404-1201（営業）
　　　03-3404-8611（編集）
https://www.kawade.co.jp/

印刷・製本　図書印刷株式会社

Printed in Japan
ISBN978-4-309-29412-4